문해력이
세지는
어휘력

천천히읽는책_82

문해력이 세지는 어휘력

글 이형래 | 그림 정은주

펴낸날 2025년 11월 25일 초판1쇄
펴낸이 김남호 | 펴낸곳 현북스
출판등록일 2010년 11월 11일 | 제313-2010-333호
주소 07207 서울시 영등포구 양평로 157 투웨니퍼스트밸리 801호
전화 02)3141-7277 | 팩스 02)3141-7278
홈페이지 http://www.hyunbooks.co.kr | 인스타그램 hyunbooks
ISBN 979-11-5741-449-9 73700

책임편집 류성희 | 디자인 나모에디트 | 마케팅 송유근 함지숙

ⓒ 이형래 정은주 2025

이 책은 저작권법에 의하여 보호를 받는 저작물이므로 무단 전재 및 복제를 금지하며,
이 책 내용의 전부 또는 일부를 이용하려면 반드시 저작권자와 현북스의 허락을 받아야 합니다.

⚠주의 종이에 베이거나 긁히지 않도록 조심하세요. 책 모서리가 날카로우니 던지거나 떨어뜨리지 마세요.

문해력이 세지는 어휘력

이형래 글 | **정은주** 그림

| 머리말 |

'문해력'은 참 중요한 삶의 도구입니다

국어사전에는 '문해력'을 글을 읽고 이해하는 능력으로 규정했지만, '문해력'은 사회를 읽고 이해하는 능력이며 세상을 읽고 이해하는 능력으로 확장됩니다. 그래서 '문해력'은 참 중요한 삶의 도구입니다.

아동 정신 발달을 연구한 피아제는 인간의 인지적 개념 형성 과정을 '동화', '조절', '평형' 세 단계로 설명했습니다.

소를 처음 본 아이는 자신이 이미 알고 있는 네발 달린 개에 대한 지식, 곧 스키마를 작동시켜 '제법 큰 개구나'라고 생각합니다. 이는 새로운 정보를 기존의 틀에 맞추는 '동화'의 과정입니다. 그러나 시간이 지나면서 소는 개와 울음소리도 다르고 뿔도 있다는 사실을 알아차립니다. 인지적 불일치를 경험한 아이는 자신의 스키마를 '조절'하게 되는 것이죠. 그렇게 새로운 동물을 인식한 아이는 나름 안정적인 스키마의 '평형' 상태를 유지합니다.

그 아이의 그 스키마는 이후 숱한 '동화'와 '조절'과 '평형의' 과정을 거칩니다. 그런데 아이의 의지만 믿을 수는 없습니다. 기존의 도식으로 불편을 느끼지 않는다면 구태여 힘든 '동화'와 '조절'의 과정을 겪지 않으려 할 테니까요. 어린이나 어른이나 이미 알고 있는 스키마를 바꾸는 것을 좋아하지 않습니다. 스키마를 바꾸는 일은 힘이 들고 불편하기 때문입니다.

'스키마' 또는 '도식'의 핵심은 바로 '개념'입니다. 인간은 개념으로 살아갑니다. 개념이 없으면 사회에서 살아갈 수 없습니다. 특히 어렸을 때 갖게 되는 개념은 인간의 삶을 좌지우지합니다.

이 책은 개념이 중요하다는 주제를 담고 있습니다. 세상에는 우주의 별만큼 많은 개념이 존재합니다. 그 개념은 내 안에 들어오지 않으면 나에게 의미가 없습니다. 이 책을 읽으면 명확하고 풍부한 개념 지식이 어떻게 문해력을 강력하게 세우는지 경험할 수 있습니다. 그 경험이 공부에 대한, 삶에 대한 새로운 개념을 만들어 주기를 기대합니다.

| 차례 |

1 감정 ● 8
2 개념 ● 12
3 결과 ● 17
4 겪다 ● 21
5 공감 ● 26
6 관계 ● 30
7 관심 ● 34
8 구별 ● 39
9 근거 ● 43
10 다양 ● 48

11 문장 ● 52
12 문제 ● 56
13 방법 ● 60
14 범위 ● 65
15 변화 ● 69
16 분위기 ● 73
17 비교 ● 78
18 상상 ● 82
19 생활 ● 87
20 설명 ● 91

21 시간(시각) ● 95

22 실천 ● 99

23 에너지 ● 104

24 이해 ● 108

25 인식 ● 112

26 일반화 ● 116

27 조사 ● 120

28 존중 ● 125

29 탐구 ● 129

30 태도 ● 134

31 파악 ● 138

32 표준 ● 143

33 표현 ● 147

34 활동 ● 152

35 흥미 ● 156

 감정

내 감정을 어떻게 숨겨요

감정을 나타내는 말을 배우지 않아도 나는 감정을 자유롭게 표현할 수 있어요. 그런데 학교에 가려는데 엄마가 나를 붙잡고 이렇게 말했어요.

"수연아, 네 감정을 숨길 줄도 알아야 해."

어제 친하게 지내던 준호와 다툰 사실을 눈치채셨나 봐요.

"엄마, 내 감정을 어떻게 숨겨요? 준호가 연필로 내 등을 꾹꾹 찔렀단 말이에요. 바보같이 가만히 있으란 얘기예요?"

"화가 나면 잠시 화를 참은 뒤, 시간이 지난 다음 하고 싶은 말을 해도 되잖아? 그렇게 했으면 준호도 기분이 나쁘지는 않았을걸?"

"흥, 엄마는 꼭 준호 엄마라도 되는 것처럼 말하네요."

교실 문을 들어서는데 준호가 웃으면서 인사를 했어요.

"수연아, 안녕?"

나는 준호가 꼴도 보기 싫었어요. 그래서 아무 말도 하지 않고 내 자리로 갔어요. 자리에 앉았을 때, 준호는 비닐봉지에 담긴 과자 하나를 꺼내 내 책상 위에 올려놓았어요. 과자 모양이 사과처럼 생겼는데 제법 큰 과자였어요. 나는 그 과자를 보고 '꿀꺽' 침을 삼켰어요. 무척 맛있어 보였거든요.

나는 과자를 보는 순간, 바로 결정을 내리지 못했어요. "싫다"라고 해야 할까, 아니면 "고맙다"라고 해야 할까.

'아, 어떡하지? 준호가 이런 내 감정을 읽었으면 정말 창피한데……'

감정

'감정'은 어떤 현상이나 일에 대하여 일어나는 마음이나 느끼는 기분을 가리키는 말입니다. 자신의 '감정'을 잘 표현하는 어린이가 결국은 사람들의 관심을 받게 됩니다. '감정'은 내 마음이며, 내가 느끼는 기분입니다.

내 기분을 다른 사람에게 표현하는 것은 곧 나를 표현하는 일입니다. 나를 잘 표현하는 어린이는 다른 사람들로부터 인정받을 수 있습니다.

* 글을 읽고 자기의 ☐☐을 글로 표현해 볼까요?
* ☐☐은 몸으로 표현할 수 있지만, 말로 더 정확하게 표현할 수 있습니다.
* 준호는 ☐☐이 풍부하며, 예술 활동에 참여하는 걸 좋아합니다.
* 사막처럼 ☐☐이 메마른 사람은 다른 사람의 아픔을 함께

느끼기 힘들어요.

* 독서는 사람의 ☐☐ 을 순화시켜 줘요.

    선생님은 친구 사이에도 사랑이 필요하다고 생각해요. 부모님을 사랑하는 것처럼 친구를 사랑하는 것이죠. 친구 사랑은 친구를 아끼고 귀중히 여기는 거예요.

    그런데 수연이는 자기 짝 준호를 사랑하지 않는다고 했어요. 따로 남자 친구가 있기 때문이라고요. 수연이 말도 일리가 있어요. 그런데 수연이는 선생님이 말한 친구 사랑을 제대로 이해하지 못했어요.

    수연이와 준호 두 사람이 다투고 감정이 상해 속상해하는 모습을 볼 때마다 두 사람이 친구 사랑을 오해하고 있다고 생각했어요. 그래도 자기감정을 정확하게 표현해서 다행이긴 해요. 제발 친구 사이의 사랑을 회복하길 바랍니다.

 개념

백구는 수업에 대한 개념이 없네요

 학교에 하얀 강아지 한 마리가 들어왔어요. 학교 보안관이 잠시 화장실에 간 사이에 들어온 게 틀림없어요. 백구는 새하얀 털에 까맣고 동그란 눈을 가지고 있어 무척 예뻤어요. 꼬리를 흔드는 모습도 귀여웠고요. 학교로 들어오는 아이들을 따라가는 모습도 사랑스러워 보였어요.
 아이들은 백구를 보며 즐거워했어요. 아이들은 우리 학교에 처음 들어온 백구를 마치 손님처럼 다정하게 맞이했어요. 그렇게 백구는 학교 여기저기를 다니고 있었어요.

 우리 반은 1교시가 체육 시간이었어요. 우리는 공 던지기 놀이를 했어요. 영민이는 공에 맞고 바깥으로 나가 다음 차례를 기다리고 있었어요. 경기장 밖에서 대기하고 있던 영민이가 강아지에게 다가가면서 사건이 일어났어요.

영민이는 강아지에게 다가가서 강아지를 쓰다듬어 주었어요. 그러자 강아지는 계속 꼬리를 흔들며 혀를 날름거리더니 갑자기 영민이의 볼을 핥았어요.

"으아!" 영민이는 귀신을 만난 사람처럼 도망치기 시작했어요. 그런데 영민이가 재빨리 도망가는 그 순간, 백구도 영민이를 따라 뛰었어요. 영민이는 계속 소리를 지르며 달아났어요. 그런데 백구도 멈추지 않고 영민이를 계속 따라갔어요. 마치 백구와 영민이가 달리기 시합을 하는 것처럼 보였어요. 그 장면을 보니까 웃음이 나왔어요. 그때 선생님께서 말씀하셨어요.

"아니, 저 백구는 수업에 대한 개념이 없네."

"왜요?"

"지금 우리 반이 운동장에서 체육 수업을 하고 있는데, 백구가 자기 수업 시간이라고 착각했나 봐."

그러자 옆에 있는 지혜가 말했어요.

"축, 백구 체육 시간 탄생!"

개념

'개념'은 어떤 일이나 물건, 현재 나타나 보이는 상태에 대한 일반적인 지식을 가리키는 말입니다. '개념'이라는 말의 뜻이 꽤 어렵죠?

여러분이 처음 본 과일을 생각해 보세요. 처음에는 그 과일의 겉모양만 보았겠죠? 그런 다음 그 과일의 이름을 알게 되고, 그런 다음 그 과일의 맛도 느끼게 됩니다. 이렇게 그 과일에 대한 '개념'을 만들게 됩니다.

'학교'라는 것이 무엇인지 사람마다 조금씩 다른 '개념'을 가지고 있어요. 그래도 많은 사람은 '선생님과 학생이 모여 공부하는 곳'이라고 말할 거예요. 학교에 대한 이런 지식을 학교에 대한 '개념'이라고 하는 거죠. 학교에 대해서 일반적으로 생각하는 지식, 그게 바로 학교에 대한 '개념'인 거죠.

* 선생님께서 말씀하시는 용어에 대한 ☐☐을 알지 못하면 공

부를 잘할 수가 없어요.

* 공부를 잘한다는 것은 ☐☐을 잘 이해한다는 말과 같습니다.
* 처음 듣는 말에 대한 ☐☐을 잘 알려면 구체적인 예를 생각하는 것이 좋습니다.
* 책 읽기는 ☐☐을 배우는 매우 효율적인 방법이에요.
* ☐☐을 지식이라고 부르는 이유는 ☐☐은 대상을 제대로 알아야 형성되기 때문입니다.

영민이는 세계사 용어에 대한 개념을 정말 많이 알고 있어요. 선생님도 깜짝 놀랄 정도예요. 자기가 좋아하고 관심이 있고 또 계속 듣고, 보고, 읽고, 상대방과 대화하면서 세계사 용어에 대한 개념을 형성한 거예요.

'비옥한 초승달 지역'이라는 용어를 거침없이 말하는 영민이를 보고 선생님도 세계사 공부를 다시 해야겠다고 생각했어요. 새로운 개념을 머릿속에 만들기는 무척 어려워요. 한번 머릿속에 자리 잡은 개념은 나중에 고치기가 무척 힘들거든요.

 결과

꾸준한 걷기 운동의 결과는 놀라워요!

　덕진이는 오늘도 막 출발하려고 하는 버스를 향해 헐레벌떡 달려갑니다. 덕진이가 손을 흔들자, 운전기사님께서 차를 세워 주시네요. 덕진이는 마을버스 단골손님입니다.
　"오늘은 체육복을 입었네?"
　"네, 우리 학년 이어달리기 선수를 뽑는 날이에요."
　마을버스가 언덕을 올라가는데, 창문 너머를 보니 쌍둥이 남매 현채와 윤채가 가고 있어요. 그런데 오늘은 이상하게도 빠르게 뛰어가고 있어요. 마치 마을버스와 달리기 시합이라도 하듯이 말입니다. 현채와 윤채가 아무리 달리기를 잘해도 결국 마을버스의 승리였지요.

　운동장에 들어섰을 때, 제법 많은 아이가 달리기 연습을 하고 있었어요. 그때 덕진이가 현채를 바라보며 말했어요.

"우리 달리기 시합 한 번 할까?"

"나도 같이해."

윤채도 끼어들었어요.

덕진이와 현채, 윤채는 운동장 가운데를 향해 섰어요. 덕진이가 나뭇가지를 하나 주워 들고 선을 그었어요. 선을 넘으면 반칙으로 하자고 약속했지요. 출발 신호는 덕진이가 보내기로 했어요. 덕진이가 큰 소리로 말했어요.

"준비, 땅!"

그동안은 늘 덕진이가 현채, 윤채보다 빨랐어요. 그런데 오늘 달리기는 전혀 달랐어요. 왜냐하면 덕진이가 꼴찌를 했거든요.

"어떻게 된 거지?"

숨을 헐떡거리며 덕진이가 말했어요.

"너는 그동안 내내 차를 타고 다녔지만, 우리는 이 튼튼한 다리를 타고 다녔잖아? 그러니까 우리가 이겼지."

현채가 웃으면서 말했어요. 덕진이는 쑥스러운지 목에 걸고 있던 버스카드만 매만졌어요.

결과

'결과'는 열매를 맺는다는 것을 나타내는 말입니다. 나무에 열린 '열매'를 가리키는 말로 쓰기도 합니다. '결과'는 어떤 원인이 있어 생기게 됩니다.

단어의 처음 뜻, 원래의 의미를 아는 것도 필요하지만, 단어는 상황에 따라 뜻이 달라진다는 것을 파악하는 것도 중요합니다. '결과'의 원래 뜻은 '나무에 달린 열매'입니다. 그런데 곰곰이 생각해 보면, 열매가 열리려면 꽤 많은 시간이 필요합니다. 열매가 맺기 위한 과정이 필요한 것이죠. 그래서 '결과'라는 말을 생각하면 '과정'도 생각하게 되고, '시작'이나 '처음'이라는 말도 생각하게 됩니다.

* ☐☐를 잘 예상하는 학생이 우수한 학생입니다.
* 토끼는 낮잠을 잔 ☐☐, 달리기 시합에서 지고 만 거예요.
* 시험 ☐☐가 중요하다고 누가 말하나요? 공부를 어떻게 했는

지가 중요하지요.

* '아니 땐 굴뚝에 연기 날까'는 원인이 없으면 ☐☐가 없다는 뜻의 속담이에요.

* 요즘 학교에서는 공부한 ☐☐와 공부한 과정을 모두 중시하고 있습니다.

　　모양이 다른 두 개의 컵을 보고 결과를 예측해 볼까요? 어느 컵에 더 많은 물이 들어갈까요?

　　예측한 결과가 생각한 것과 같다면 여러분은 결과 예측을 무척 잘한 거예요. 정확한 결과를 예측하기 위해서는 여러분의 지식이 동원된다는 사실도 기억하세요.

　　자, 또 다른 결과를 예측해 볼까요? 모양이 다른 두 개의 돌 가운데 어느 돌이 더 무거울까요?

 겪다

겪고 또 겪어야 마음이 넓어져요

오늘 아침에 운동장으로 들어갔어요. 쓰레기가 눈에 띄길래 그것을 주우러 솔밭이 있는 실외 교실로 갔어요. 그런데 잣나무 위에서 뾰족한 붓처럼 생긴 두 귀를 쫑긋 세운 거무튀튀한 청설모가 거꾸로 내려오고 있었어요. 아마 청설모는 발톱에 송곳이나 못이 붙어 있나 봐요. 저렇게 거꾸로 서서 날렵하게 내려오는 걸 보면.

그런데 이 청설모가 땅에는 내려오지 않고 바로 내 앞에서 왼쪽 앞발을 들고는 자기 쪽으로 오라고 손짓했어요. 보통 다람쥐는 도토리나 잣을 까먹으려고 열매를 들기는 하는데, 아니 이 친구는 아예 손을 들어 나를 부르는 게 아닙니까? 그래서 혹시 내가 아닌 또 다른 청설모를 부르는 줄 알고 뒤를 힐끔 돌아보았지만, 당연히 뒤에는 아무도 없었죠.

저 멀리 교문에서 아이들이 계속 교실로 들어가고 있었죠. 그 아이들은 하도 멀리 있어서 청설모를 보지는 못했어요. 그 순간 제 머리를 멍하게 만드는 소리가 들려왔어요.

"너, 잣 먹어 봤니?"

바로 청설모가 내게 잣을 먹어 봤냐고 질문을 한 거예요. 물론 나는 잣이 무엇인지도 몰랐죠. 그러니까 당연히 먹어 보지도 못했고요. 그런데 나는 그 질문을 듣고 순간적으로 당황해서 말했어요.

"아니, 못 먹어 봤는데?"

그러자 이 청설모는 금세 잣나무 위로 올라갔어요. 얼마나 빠른지 진짜 눈앞에서 '쌩' 하고 사라졌어요. 그리고 10초 정도 지났을까요? 청설모가 올라간 나무의 윗부분이 약간 흔들리는가 싶더니 엄청나게 큰 잣송이 하나가 뚝 떨어지는 게 아니겠어요?

내가 겪은 일 중에서 가장 충격적인 이 일을 생각하면 나는 신기하게도 마음이 넓어져요.

겪다

'겪다'라는 말은 어렵거나 경험이 될 만한 가치가 있는 일을 해내는 것을 가리키는 말입니다. '경험'은 자신이 실제로 해 보거나 겪어 보는 것을 말합니다. 또 거기서 얻은 지식이나 기능을 '경험'이라고도 말합니다.

'겪다'라는 말은 '경험하다'라는 말과 뜻이 비슷해요. '겪은 일'은 '경험한 일'과 같은 말이에요. '겪다'라는 말의 뜻을 알고 잘 사용하면 경험을 넓히는 데 큰 도움이 될 거예요. 이렇게 말해 보면 어떨까요?

"선생님, 어제 제가 겪은 일을 말씀드리면 선생님은 아마 쓰러지실걸요?"

* 여러분, 여러분이 어제 ☐☐ 일을 글로 써 보세요.
* 내가 ☐☐ 않은 일을 설명하는 건 무척 힘들지요.
* 누구나 어떤 일을 ☐☐ 봐야 그 일의 가치를 이해할 수 있어요.

* 위대한 발명가는 최대한 많은 시행착오를 ☐☐ 사람이에요.
* 극심한 가뭄을 ☐☐ 본 사람은 비의 가치를 알 수 있어요.

　자, 혁진이가 그린 그림을 보세요. 산에서 자라고 있는 소나무와 풀이 대화하는 그림이에요. 만화처럼 그렸는데, 혁진이는 부모님과 함께 뒷산에서 이 소나무를 보고 솔잎과 풀이 마주 보는 것을 대화하는 것처럼 비유해서 그린 거예요. 그러니까 혁진이는 자기가 겪은 일을 바탕으로 상상의 그림을 그린 거예요.
　여러분은 겪은 일을 말로 표현할 수도 있고, 그림으로 나타낼 수도 있어요. 여러분이 직접 겪은 일을 다른 사람 앞에서 말할 때는 여러분이 그 일에 대해서 가장 잘 아는 사람이에요. 그러니까 자신감을 가지세요.

 공감

웃음꽃에 공감하나요?

꽃이 가장 많은 곳은 어디일까요? 꽃밭? 꽃을 파는 가게?

꽃이 가장 많은 곳은 바로 학교입니다. 왜냐고요? 학교에는 언제나 웃음꽃이 피어나기 때문입니다. 아이들 수만큼 웃음꽃이 피어나니 학교에는 얼마나 많은 꽃이 피어날까요?

꽃이 왜 아름다운지 친구들에게 물어봤어요.

은지는 이렇게 말했어요.

"꽃을 보면 아름답다고 생각하니까 아름다운 거예요."

민우는 이렇게 말했어요.

"꽃이 핀 모습이 사람들이 웃는 모습이랑 비슷하니까 아름답지요."

나는 민우의 말에 공감해요. 꽃이 활짝 핀 모습은 우리가 웃는 모습과 참 비슷해요. 그러니까 우리가 웃는 모습, 우리가 웃으며 만드는 웃음꽃은 정말 아름다운 거예요.

은지가 한 말에도 공감해요. 꽃을 보면 아름답다는 생각이 든다고 했는데, 정말이지 웃고 있는 사람을 자세하게 바라보면 무척 아름답다는 생각이 들어요. 여러분이 직접 확인할 수도 있어요. 이렇게 한번 해 보세요.

1. 카메라를 준비한다.
2. 웃는 사람을 정한 뒤, 허락을 받는다.
3. 웃는 사람을 보고 사진을 찍는다.
4. 웃는 사람을 찍은 사진을 본다.

 웃는 사람을 보면 웃음꽃이 무엇을 나타내는 말인지 짐작할 수 있어요. 그리고 왜 사람들이 웃음꽃이라는 말을 만들었는지 알 수 있을 거예요.
 친구들이 만드는 웃음꽃은 밝아요. 그리고 언제라도 다시 피어나지요. 금방 시들어도 누군가가 조금만 노력하면 금방 다시 피어나는 것이 바로 웃음꽃이에요. 나는 오늘 누군가에게 웃음꽃이 피어나게 할 거예요. 여러분은 내가 한 말에 공감하시나요?

공감(하다)

'공감'은 다른 사람의 마음, 느낌, 생각, 의견, 주장에 대해서 자신도 그렇다고 느끼는 마음이나 기분을 가리키는 말입니다. '공감'이라는 말을 사용하면 누군가를 잘 이해한다는 느낌이 들어요.

"누구누구의 말에 공감해요."

이런 말을 들으면 기분도 좋아집니다. '공감'은 다른 사람의 생각과 내 생각이 비슷할 때 갖게 되는 느낌이나 마음이에요. '공감'의 뜻을 잘 알고 이 말을 사용한다면 다양한 상황에서 분명 긍정적인 결과를 얻게 될 거예요.

* 경진이 의견에 □□한다면 경진이가 하는 일을 잘 도와주어야겠네요.
* '공감대를 형성하다'는 말이 어렵다고 생각할 필요가 없어요. 왜냐하면 '공감대'라는 말은 '□□하는 부분'을 나타내는 말이기

때문입니다.

* 수업 시간에는 □□하는 능력이 중요합니다.
* □□을 잘하려면 무엇보다 다른 사람들의 말을 잘 들어야 합니다.
* '동감'은 견해나 의견에 같은 생각을 가진다는 뜻으로 □□과는 그 의미가 크게 다릅니다.

> 지금 은지는 자신이 아끼는 연필을 잃어버렸다고 말했어요. 그런데 그 연필을 잃어버린 사람은 은지가 아니라 민우였어요. 은지가 연필을 민우에게 빌려줬던 것이었죠. 그런데 잃어버린 연필을 애타게 찾는 사람은 은지예요. 물론 은지가 아끼는 물건이니까 애타게 찾았겠죠. 하지만 물건을 빌렸다면 그 빌린 물건을 끝까지 책임지고 돌려줄 의무도 있어요. 은지의 마음에 공감한다면 민우도 자신이 어디에서 그 연필을 잃어버렸는지 곰곰이 생각하면서 은지와 함께 샅샅이 찾아야 한다고 생각해요. 그래야 은지도 민우의 마음에 공감할 거예요.

 관계

무엇과 관계를 맺고 살아가고 있나요?

사람은 관계 맺기로 시작해서 관계 맺기로 끝난다는 말이 있습니다. 이 말은 무척 어려운 말처럼 느껴지지만, 조금만 깊이 생각해 보면 그 뜻을 이해할 수 있어요.

내가 태어나면 나는 누구와 관계를 맺을까요? 바로 어머니와 아버지예요. 내가 태어나는 순간 나는 어머니, 아버지의 아들, 딸이 됩니다. 그게 끝이 아니에요. 나는 아버지의 아버지, 아버지의 어머니, 어머니의 아버지, 어머니의 어머니와도 관계를 맺습니다.

지금 내가 다니는 학교와 나의 관계를 생각해 볼까요. 나와 교실의 관계도 생각할 수 있어요. 내가 앉는 책상과 의자도 나와 관계가 있습니다. 사람은 사람이 아닌 물건과도 관계를 맺을 수 있어요. 내 필통에 있는 학용품은 내 것이니까 연필과 지우개도 나와 관계가 있지요. 내 가방과 신발과 옷은 늘 나와 관계있는 소중한 물건입니다.

친구 관계는 어떤가요? 친구 관계는 학교생활의 행복감을 판가름합니다. 그래서 선생님도 학교에서 친구들과의 관계 맺는 방법을 가르치지요.

나는 무엇과 또 다른 관계 맺기를 하고 싶은가요? 눈으로 볼 수 없는 것과 관계를 맺는 것도 가능합니다. 나는 1년 동안 '최선'이라는 말과 관계를 맺었어요. 내가 '최선'이라는 말과 관계를 맺는 순간, 나는 최선을 다해야 합니다. 무슨 일이든지 내 앞에 일어나는 일, 내가 참여하는 일에 최선을 다해야 하지요. 이불 개기도, 달리기도, 음식 골고루 먹기도 최선을 다해야 하지요. 이렇게 나는 관계를 통해 성장합니다.

여러분은 지금 무엇과 관계를 맺고 살아가고 있나요? 그 관계가 정말 여러분을 행복하게 해 주고 있나요? 만일 여러분을 나쁜 방향으로 이끌고 가려는 나쁜 관계가 있다면 지금 당장 그 관계를 끝내야 합니다. 그래야 관계 맺기에서 승리자가 될 수 있습니다.

관계

'관계'는 둘 이상의 사람, 사물, 현상 따위가 서로 관련을 맺는 것을 가리킵니다. '관련'이라는 말의 뜻과도 비슷합니다. '관련짓다'라는 말은 둘 이상의 사람, 사물, 현상 따위가 서로 '관계'를 맺게 한다는 뜻입니다.

학교 공부를 할 때 자주 쓰는 말 중 한 가지가 바로 '관계'입니다. 그런데 우리가 '관계'라는 말을 자주 사용하면서도 '관계'의 뜻을 깊이 생각하지는 않습니다.

'관계'라는 말의 뜻을 생각해 보면, 사람이 자라는 데 '관계'가 무척 중요하다는 것을 알 수 있습니다. 나쁜 마음과 나쁜 관계가 관계를 맺고 산다면 결코 올바른 길로 갈 수 없습니다. '나쁜 관계'도 '관계'이기 때문에 '좋은 관계', '긍정적인 관계'를 만드는 데 힘을 써야 합니다.

* 사람과 산과의 ☐☐ 에 대해서 생각해 보는 시간을 갖도록 하

지요.

* 영수를 찾아온 아저씨가 영수와 무슨 ☐☐인지 알 수 없나요?
* 행복이라는 말과 가장 ☐☐가 깊은 다른 낱말 하나를 찾아서 말할 수 있나요?
* 친구와의 좋은 ☐☐는 웃음꽃이 피어나게 하는 힘입니다.
* 나라와 나라 사이의 ☐☐를 국가 관계, 국제 관계라고 말합니다.

　　세현이가 예전 짝과 관계가 더 좋아졌다고 말했어요. 그 예전 짝이 바로 리아예요. 그때는 다툼이 잦았다는데, 관계가 좋아진 비결이 무엇이냐고 물었죠? 그랬더니 리아가 방과 후에 자기와 같이 놀아 주기 때문이라고 답했어요.
　　선생님도 세현이의 말을 듣고 뉘우친 일이 있어요. 선생님 친구가 같이 북한산 등산하자고 몇 번 말했는데, 아직도 가지 않았거든요. 선생님도 반성하고 있습니다.

 관심

관심으로 핀 '이름 모를 풀'

내 화분에 며칠 동안 물을 주지 않았어요. 칼랑코에 만손초는 결국 시들었지요. 만손초가 시든 다음, 나는 화분에 관심을 두지 않았어요. 그런데 어느 날 만손초 화분에 '이름 모를 풀'이라는 이름표가 붙어 있었어요.

"누가 적어 놓았지?"

시든 만손초 화분을 천천히 살펴보니 정말 이름 모를 식물이 자라고 있었어요. 화분은 누가 물을 줬는지 촉촉하게 젖어 있었습니다.

며칠이 지나도 물을 준 사람이 누구인지 알 수 없었어요. 그런데 화분에서 자라는 그 이름 모를 식물이 제법 커졌어요. 잎줄기가 화분 밖으로 늘어지게 자란 것도 있었어요. 식물의 이름은 알 수 없었지만, 무척 잘 자라는 식물임이 틀림없었어요.

그런데 재미있는 일이 일어났어요. 점심시간에 밥을 먹으려고 하는데 준표가 손으로 그 식물을 툭 떼더니 자기 식판 위에 올려놓았어요. 식사를 시작하려는 순간 준표는 젓가락으로 양념이 있는 반찬 위에 그 풀을 한번 스치듯 비볐어요. 그리고 그 식물을 입에 쏙 넣고 우물우물 씹어 먹었어요. 나는 준표에게 다가갔어요.

"준표야, 그 풀 먹어도 되는 거니?"

"그럼, 이 풀 우리 집 앞에 많아."

"이 풀이름이 뭔데?"

"돌나물이야!"

나는 '돌나물'이라고 적은 이름표를 만들었어요. 그리고 '이름 모를 풀' 옆에 붙였어요. 이제 나도 돌나물에 물을 주기로 마음먹었어요.

'그런데 누가 왜 돌나물을 화분에 옮겨 심었을까? 준표? 그리고 '이름 모를 풀'이라는 이름표는 또 누가 붙였을까?'

나는 준표에게 아무 말도 하지 않고 준표를 몰래 지켜보기로 했어요.

관심

'관심'은 어떤 것에 마음이 끌려 주의를 기울이는 일입니다. 우리는 '관심'을 끄는 일을 '관심거리'나 '관심사'라고 말합니다. '관심'이라는 말은 여러 가지 말과 함께 사용합니다. 어떤 일에 관심이 있다, 어떤 일에 관심을 기울이다, 누구누구에게 관심이 쏠리다, 누구의 관심을 끌다, 누구누구의 관심을 모으다, 다른 일로 관심을 돌리다, 어떤 것에 관심을 가지다, 어떤 일에 관심을 두다, 어떤 일에 관심을 쏟다, 관심이 높다…….

선생님께서는 수업 중에 '관심'이라는 말을 자주 사용하십니다. 왜냐하면 가르칠 내용에 대한 학생들의 '관심'이 아주 중요하기 때문입니다. 공부는 '관심'을 어떻게 가지느냐에 따라 결과에서 큰 차이가 납니다.

* 여러분이 ☐☐을 가지고 있는 내용이 무엇인지 발표해 주세요.
* 맛있는 음식을 먹는 데 우리들의 ☐☐이 더 쏠려 있습니다.

* 나는 플라스틱보다 더 가볍고 튼튼한 물질을 만드는 일에 ☐☐을 가지고 있습니다.
* 요즘 나의 ☐☐거리는 내가 읽은 책의 제목을 외우는 일이에요.

여러분의 관심사가 '신나게 놀기'라는 것은 잘 알고 있습니다. 라윤이는 '가라사대 놀이'를 하루에 한 번씩 꼭 해야 한다고 주장했는데, 선생님은 그 주장을 받아들일 수가 없습니다.
'가라사대 놀이'를 하려면 먼저 '속담 문해력'을 통과해야 합니다. 그리고 '십자말풀이'도 통과해야 하고요. 그런데 여러분은 오직 '가라사대 놀이'에만 관심이 많네요. 오늘은 '단어 문해력 놀이'에서 1분에 5단어를 알아맞히면 '가라사대 놀이'를 할 예정이니 관심을 가지길 바랍니다.

진짜와 가짜를 구별해요

근수가 내 옷이 이상하다고 했어요. 새로 산 옷이 나한테 어울리지 않는다고 했어요.

"네가 입으니까 이상하다."

나는 이 말을 듣고 무척 화가 났어요. 그래서 나도 근수에게 이렇게 말했어요.

"너는 말을 그렇게밖에 못해?"

그러자 근수는 당황하며 말했어요.

"너는 내 마음을 모르는구나. 내 진짜 마음은 그게 아닌데……."

"진짜 마음이라니? 그럼 내가 진짜 마음과 가짜 마음도 구별 못 한다는 거니?"

근수는 대답하지 않았어요.

'근수의 진짜 마음은 무엇일까?'

그래서 근수에게 편지를 썼어요.

내 친구, 근수야.
내가 입은 옷을 보고 이상하다고 말했을 때 기분이 무척 나빴어. 그래서 내가 너에게 톡 쏘아붙이듯이 말했지. 내가 사과할게. 화가 나서 그렇게 말했어. 정말 미안해. 그런데 네가 나한테 너의 진짜 마음은 그렇지 않다고 했잖아? 그래서 나는 너의 진짜 마음이 궁금해졌어. 너의 진짜 마음이 무엇인지 말해 줄래? 기다릴게.

근수에게 쪽지 편지를 건네주었어요. 그랬더니 근수가 나를 부르더니 이렇게 말했어요.
"네 옷이 멋있어서 샘났어. 샘나서 그렇게 말했어. 미안해. 나도 새 옷을 갖고 싶었거든."
나는 근수의 말을 듣고 화가 풀렸어요. 그런데 근수의 낡은 옷을 보면서 미안한 생각이 들었어요.

구별(하다)

'구별'이라는 말은 성질이나 종류에 따라 차이가 나는 것을 말합니다. 또 성질이나 종류에 따라 갈라놓는 것을 가리키는 말입니다. '구별하다'는 성질이나 종류에 따라 갈라놓는다는 뜻입니다. '구분'이라는 말은 일정한 기준에 따라 전체를 몇 개로 갈라 나누는 것을 말합니다. '구별'은 '구분'과 비슷한 뜻입니다. '구별'이라는 말은 우리가 무엇인가를 나눌 때 사용하는 말입니다. '구별'은 눈에 보이지 않은 것들을 나눌 때도 사용합니다.

* 우리 학교 화단에 있는 잡초를 ☐☐ 하는 기준을 정해 볼까요?
* 우리 반 친구들의 특기를 어떤 기준에 따라 ☐☐ 할 수 있는지 알아봅시다.
* 아버지의 피곤한 목소리를 ☐☐ 할 수 있다면 위로의 말씀을 해드릴 수 있습니다.

* 해서와 해준이는 너무 닮아서 쉽게 ☐☐할 수 없어요.
* 이성적인 판단과 감성적인 판단을 동시에 ☐☐한다면 현명한 사람이라고 부를 수 있습니다.

각 모둠에서 정한 의견 가운데 선생님이 정한 기준에 맞는 의견을 구별할 수 있나요? 각 모둠에 있는 친구들이 만든 의견을 구분하려면 어떤 기준이 필요합니다. 기준이 정확하지 않으면 의견을 구분하는 데 어려움을 겪을 수 있어요.

서정이네 모둠에서는 학급 자율 활동 시간에 할 놀이에 대해 '남학생 의견'과 '여학생 의견'으로 구분했어요. 그런데 선생님은 분명히 남학생과 여학생을 구분하지 않고 함께 참여해야 한다고 조건을 제시했어요. 그런데 여러분은 계속 남학생이 희망하는 놀이와 여학생이 희망하는 놀이를 구분하려고 해요. 그래서 서정이네 모둠 의견을 선택했다면 여러분은 적절한 의견을 구별하지 못했다고 말할 수 있어요.

 근거

내가 너를 좋아하는 근거

나는 달수를 좋아해요. 내가 달수를 좋아하는 근거는 달수가 나를 많이 생각해 준다는 점이에요. 특히 내 건강을 많이 걱정해 주지요. 그래서 나는 달수가 좋아요.

어제 달수와 함께 학교 체육 자료실에 갔어요. 선생님께서 말랑말랑한 공을 찾아오라고 하셨기 때문이에요. 내가 말랑말랑한 공을 찾으러 체육 자료실로 들어가려고 하는데 달수가 말했어요.

"민지야, 너 잠깐 밖에서 기다려."

"왜?"

"여기는 먼지가 많아. 너 기침하면 안 되잖아?"

나는 달수의 말을 듣고 밖에 서 있었어요. 잠시 뒤에 달수는 말랑말랑한 공 1개를 찾아서 내 손에 건네주었어요. 나는 그 공

을 들고 교실로 가면서 기분이 좋았어요. 달수에게 이런 말을 하고 싶었지만 말할 수 없었어요.

'달수야, 너는 정말 좋은 친구야.'

내가 달수를 좋아하는 또 한 가지 근거는 달수가 나에게 운동을 잘 가르쳐 준다는 점이에요. 내가 줄넘기를 전혀 못 할 때도 달수는 줄넘기를 쉽게 하는 방법을 가르쳐 주었어요.

"음, 그냥 손을 돌린다고 생각해. 손은 그냥 돌리고, 다리는 그냥 뛰는 거고."

나는 그 말을 듣고 웃음이 나왔지만, 꾹 참았어요. 그런데 정말 '그냥' 손으로 줄을 돌리고, '그냥' 발로 뛰었더니 줄넘기하기에 성공했어요. 달수는 정말 고마운 친구예요.

나는 달수에게 이런 말을 하고 싶어요.

'달수야, 내가 너를 좋아하는 근거를 말해 줄까? 그 근거를 알면 달수 넌 어떤 마음이 들까? 그게 궁금한걸?'

그런데 달수에게는 아무 말도 하지 않았어요. 나는 그냥 달수가 항상 이렇게 나에게 친절하게 잘 대해 주었으면 좋겠어요.

근거

'근거'는 어떤 일이나 의논, 의견에 대한 까닭을 가리키는 말입니다. '근거'라는 말은 '이유'라는 말과 비슷한 뜻으로 사용합니다. 우리는 보통 '근거'라는 말보다는 '까닭'이나 '이유'라는 말을 더 자주 사용합니다. '까닭'이라는 말은 '일이 일어나게 된 원인이나 조건'을 나타내는 말입니다.

그런데 '근거'라는 말도 그 뜻이 비슷합니다. '근거'라는 말은 학교에서 자주 사용하는 말입니다. '근거'는 어떤 일의 '뿌리'와 같습니다. 그래서 내가 어떤 일에 대해서 알고 싶을 때, 그 일의 '근거'를 정확하게 알아야 합니다. 그래야 그 일을 정확하게 이해할 수 있습니다.

* ☐☐ 없이 자꾸 자기 고집만 내세우면 아무런 소용이 없습니다.
* 여러분이 수업 시간에 새로운 놀이를 하고 싶으면 그 ☐☐를

논리적으로 제시해야 합니다.

* 나쁜 소문은 그 ☐ 가 정확하지 않기 때문에 반드시 사실을 확인하는 자세가 필요합니다.
* 우리는 주장과 ☐ 에 대해 공부를 하지만, 주장과 ☐ 가 잘 드러나게 글을 쓰는 데 익숙하지 않습니다.

　　주호는 자신의 주장에 대한 근거를 말하지 않았어요. 자신의 의견을 주장할 때는 근거를 함께 말해야 해요. 주호는 급식실 가는 차례를 매일 바꾸자고 했는데, 그 근거가 무엇인지 말하지 않았어요. 선생님이 힘들기 때문이 아니라, 그 차례를 매일 정하는 것이 여러분에게 도움이 되는지 솔직히 선생님은 판단하기 어려워요.

　　그래도 주호가 자신의 주장에 대해 근거를 말했다면 선생님도 그 근거에 대해서 선생님의 의견을 말했을 거예요. 차례를 정하는 데 너무 많은 시간이 들어서 주호의 주장을 받아들일 수 없다고요.

 다양

다양성을 존중해야 해요

 "공자의 말씀을 읽고 선생님도 몇 가지 생각한 게 있어요. 그중 한 가지는 바로 다양성을 존중하는 거예요."

 선생님의 말씀을 들어도 무슨 말인지 잘 이해할 수 없었어요. 우리는 선생님의 말씀을 들으면서 질문했어요.

 "선생님, 무슨 말씀인지 잘 모르겠어요! 왜 다양성을 존중해야 하죠? 다양성이 뭔데요?"

 "여러분 한 명 한 명의 생각이 존재하는 것이 다양성의 존재라고 말할 수 있어요."

 "네?"

 "각자 다른 생각이 공존하는 거죠."

 "다른 생각이 함께 존재한다는 건가요?"

 "맞아요. 그래서 다양함을 알고, 다양함을 인정한다면 다른 사람의 생각과 행동도 잘 이해할 수 있어요."

"싸우지도 않겠네요?"

"그래요. 우리 생각은 다양해서 더 가치가 있어요. 그래서 다양한 생각을 존중하고 이해해 줘야 해요. 그런 마음의 자세, 즉 태도가 필요해요."

선생님 말씀이 무슨 뜻인지 정확하게 이해할 수 없었어요. 그런데 잠시 꿈을 꾼 듯 공자가 나에게 말을 걸어왔어요.

"세상이 다양하다는 것을 네가 이해하려면, 네 눈에 보이는 똑같은 것도 똑같지 않다는 것을 깨달아야 하느니라."

바람이 '휙' 하고 불어왔어요. 눈을 번쩍 떴어요. 주현이가 입으로 내 얼굴에 바람을 불고 있었어요. 주현이에게 불현듯이 말했어요.

"주현아, 이제 나도 네 의견을 존중해."

"무슨 소리야? 나는 항상 네 생각이랑 똑같은걸?"

"아니야, 너와 내 생각은 같을 수 없어. 같으면 다양성도 그 가치도 사라지고 말 거야."

"뭐라고? 너, 꼭 공자님처럼 말하네."

다양(하다)

'다양'은 여러 가지 모양이나 양식을 가리키는 말입니다. '다양하다'라는 말은 모양, 빛깔, 형태, 양식 따위가 여러 가지로 많다는 뜻입니다.

우리가 가게에서 사 먹는 과자의 모양을 생각해 볼까요? 과자 이름이 다르면 과자의 모양도 다릅니다. 마찬가지로 과자의 색깔도 다양합니다. 과자만 그럴까요? 집은 어떤가요? 고양이나 강아지는 또 어떤가요? 우리가 입는 옷은 어떤가요?

그런데 눈에 보이는 것은 다양하다는 것을 쉽게 알 수 있는데, 눈에 보이지 않는 것도 다양합니다. 그중 한 가지가 바로 우리들의 생각입니다. 사람마다 생각이 다르기 때문에 사람들의 생각이 다양하다고 말합니다.

* 복도에 있는 신발장에는 정말 ☐☐ 한 종류의 신발이 있습니다.

* 우리 눈에 잘 보이지 않지만, 여름에 피는 풀꽃은 정말 ☐☐ 합니다.
* 물고기가 ☐☐ 해야 서로 어울려 잘 살 수 있습니다.
* ☐☐ 한 성격을 가진 친구들이 서로 어울려 잘 지내는 방법을 연구해야 합니다.
* 우리나라는 ☐☐ 한 사람들이 모여 사는 나라입니다.

여러분이 쓴 에세이의 주제는 참 다양해요. 혜연이는 '천연 염색의 우수성'에 관해 썼어요. 지효는 '내게 소중한 작은 것들'이라는 주제로 글을 썼어요. 지효가 쓴 글을 보면, 사인펜 뚜껑이 사인펜의 수명을 오래가게 한다고 썼어요. 지효에게는 사인펜 뚜껑이 작지만 소중한 셈이에요. 선생님도 미처 생각하지 못했던 내용이에요.

주제가 있는 에세이는 여러분의 다양한 생각이 잘 나타나 있어요. 여러분이 쓴 글 자체가 바로 여러분의 생각이며 느낌이며 사상이며 철학이며 삶이며 문해력이에요.

 문장

마침표를 찾는 이상한 공부

"글을 읽고, 이 글에 있는 마침표가 몇 개인지 찾아보세요."
수업 시간에 선생님께서 우리에게 말씀하셨어요.

"마침표 찾기 공부라니?"
진수가 눈을 둥그렇게 뜨며 나에게 물었어요.
"마침표의 개수를 찾는 거지. 마침표 말이야."
진수는 글을 읽으면서 마침표에 동그라미를 그렸어요.
"하나, 둘, 셋, 넷, ……."
글 내용을 생각하지도 않고, 마침표 개수만 헤아리니 조금 이상했어요.

"선생님, 열일곱 개입니다."
내가 큰 소리로 말했어요.

"맞습니다. 헌영이가 잘 찾았네요. 그럼, 왜 선생님이 마침표의 개수를 물어봤을까요?"

"잘 모르겠습니다."

진수가 선생님을 바라보며 말했어요.

"헌영이가 말한 마침표의 개수는 이 글의 문장의 수와 똑같아요. 그러니까 마침표의 수는 문장의 수와 같아요."

"문장의 개수를 아는 게 중요한가요?"

"좋은 질문입니다. 문장의 개수를 아는 게 중요하지는 않아요. 하지만 이 마침표를 알면 문장과 문단, 글의 관계를 알 수 있어요."

나는 선생님의 말씀을 듣고, 선생님께서 마침표를 왜 헤아려 보라고 하셨는지 알았어요.

"문장은 여러분의 생각을 나타내는 가장 작은 단위입니다."

선생님의 말씀을 들어 보니 '문장'이 우리의 생각을 나타내는 매우 중요한 단위라는 사실을 알게 되었어요. 그러니까 글을 잘 쓰려면 문단도 잘 써야 하지만, 먼저 문장을 잘 써야 하지요.

문장

'문장'은 생각이나 감정을 말과 글로 표현할 때 완결된 내용을 나타내는 가장 작은 단위입니다. 주어와 서술어로 이루어지는 것이 원칙이지만 주어와 목적어, 서술어가 생략될 수도 있습니다.

'문장'의 끝에는 '마침표(.)', '물음표(?)', '느낌표(!)' 따위의 '문장 부호'를 씁니다. 그래서 이 '문장 부호'를 보면 '문장'을 쉽게 찾을 수 있습니다. 마침표는 '온점'이라고도 부릅니다.

* 이야기책 한 권을 읽을 때, 이야기책에서 가장 중요한 한 ☐☐을 찾을 수 있을까요?
* 초등학교 3학년을 마쳤다면 스무 개의 ☐☐으로 된 한 편의 글은 쓸 수 있어야 하지 않을까요?
* 글을 쓸 때 ☐☐의 내용을 미리 간단하게 써 보는 습관이 필요합니다.

* 단어가 모여서 ☐☐이 되고, ☐☐이 모여서 문단이 되고, 문단이 모여서 한 편의 글이 됩니다. 그러니까 ☐☐보다 문단이 더 큰 단위입니다.
* 우리 선생님은 우리가 잘못 쓴 ☐☐을 연필로 바르게 고쳐 주십니다.

지수가 쓴 글은 세 문단이에요. 그런데 첫째 문단은 다섯 문장인데, 둘째 문단은 두 문장이고, 셋째 문단은 세 문장이에요.

지수가 쓴 첫째 문단은 언니를 괴롭히는 동생의 모습을 다섯 문장으로 잘 묘사했는데, 둘째 문단에서 동생을 바꾸려는 지수의 모습은 잘 드러나지 않았어요. 셋째 문단에서도 동생에게 서약서를 쓰게 한 것도 너무 짧고요. 문장을 조금 더 늘려 썼더라면 당시 상황을 자세하게 묘사할 수 있었을 거예요.

 문제

보물 문제 만들기

　선생님께서 그림책 한 권을 보여주셨어요. 책의 맨 앞에는 동글동글한 남자아이의 얼굴이 액자에 들어 있었어요.
　"그림책을 보기 전에 한 가지 약속을 해야 해요. 그림책을 넘기기 전에 우리 반 어린이 모두 한 번씩 문제를 만드는 거예요."
　"문제를 만든다고요?"
　"그래요. 여러분이 생각하는 대로 문제를 만들면 돼요. 그럼, 선생님이 먼저 문제를 만들어 볼게요."

　선생님께서 먼저 문제를 만들어 우리에게 말씀하셨어요.
　"이 그림책에 나오는 가족은 누구누구인가요?"
　그때 현지가 선생님의 문제에 얼른 대답했어요.
　"아버지, 어머니, 형, 동생, 모두 네 명입니다."
　그러자 선생님께서 웃으시며 말씀하셨어요.

"아니에요. 현지처럼 답할 필요는 없어요. 오늘은 답은 하지 않고 그냥 문제만 만드는 거예요. 여러분은 문제만 만들면 됩니다. 답은 하지 않아도 돼요."

우리는 선생님께서 시키신 대로 그림책을 보고 문제를 만들기 시작했어요. 처음에는 조금 이상했는데 문제만 만들고 대답은 하지 않았는데도 그림책 읽기가 재미있었어요. 이렇게 문제를 만들고 그 문제를 듣다 보니 그림책이 저절로 이해되었어요.

공선이가 문제를 말했어요.

"가족은 어디로 가는 중인가요?"

재민이가 문제를 말했어요.

"가족은 왜 서로 떨어져서 가는 것일까요?"

민주가 문제를 말했어요.

"아버지와 형은 어떤 사이일까요?"

호선이가 문제를 말했어요.

"형은 왜 맨 뒤에서 걷고 있을까요?"

우리 반 교실에 문제가 가득했어요. 그 문제가 모두 보물 같았어요.

문제

'문제'는 답이 필요한 질문을 가리키는 말입니다. 우리는 '문제'라는 단어를 자주 사용합니다. '문제'는 다양한 뜻으로 사용합니다. 궁금한 것을 물어보는 '물음'과 같은 뜻으로 사용하기도 합니다. "연구해야 할 문제가 무엇인지 생각해 봅시다"와 같이 연구 대상을 가리키는 말로도 사용합니다. 해결하기 어려운 일이나 귀찮은 일을 나타내는 말로도 사용합니다. "문제네. 문제야!"라고 말할 때는 기분이 좋지 않습니다. 이렇게 다양한 상황에서 '문제'라는 단어를 사용합니다.

* 이렇게 쉬운 ☐☐를 왜 그렇게 어렵게만 생각했을까요?
* ☐☐를 푼다는 것은 ☐☐를 해결한다는 말과 같습니다.
* 이제 생각을 바꿔서 정답을 찾는 ☐☐가 아니라 질문을 만드는 ☐☐를 만들어 볼까요.
* 교실에서 일어나는 ☐☐에는 어떤 것들이 있는지 구체적인

예를 들어서 말해야 합니다.

* "교실에는 늘 ☐☐를 일으키는 친구가 있다"라는 말에 동의하지 않습니다. 왜냐하면 그 친구가 일으키는 ☐☐는 모두 다 우리와 관계가 있기 때문이에요.

병윤이가 문제를 참 잘 만들죠? 병윤이가 만든 문제를 보면 글에서 바로 답을 찾을 수 있는 문제가 있어요. '소년은 떨어진 나뭇잎으로 무엇을 만들었나요?', '소년은 무엇을 따먹곤 했나요?'와 같은 문제예요.

답을 찾을 수 있지만 깊이 생각해야 하는 문제도 있어요. '나무는 왜 행복했을까요?', '나무는 왜 자기 줄기를 베어다가 배를 만들라고 했을까요?'와 같은 문제예요.

병윤이처럼 여러분 스스로 문제를 만들어 그 문제를 어떻게 해결하는 것이 좋을지 고민하는 태도를 기르길 바랍니다.

 방법

친구와 화해하는 방법

내가 아끼는 퍼즐을 호준이가 빌려 갔어요. 아니, 빌려 간 게 아니라 빼앗아 갔어요. 내가 빌려준 때도 있었는데 호준이가 직접 빼앗아 가니 오늘은 기분이 나빴어요. 집으로 걸어가는데 퍼즐 생각만 났어요. 호준이를 만나면 어떻게 할지 고민했어요.

"야, 이호준, 너!"

나는 길바닥에 있는 조그마한 돌멩이를 발로 찼어요. 그런데 그 돌이 데굴데굴 굴러서 길가에서 모이를 먹던 비둘기 앞으로 지나갔어요. 비둘기 세 마리가 깜짝 놀라 날개를 펼치고 다른 곳으로 날아갔어요.

저녁을 먹고 싶지 않았어요. 그래도 엄마 때문에 반은 먹고 반은 남겼어요. 내가 좋아하는 생선구이가 있었지만 비리기만 했어요. 숙제도 하기 싫었어요. 자리에 누워도 잠이 잘 오지 않았어요.

다음 날, 평소보다 30분이나 먼저 학교 교문에 도착했어요. 호준이는 항상 늦게 와요. 나는 호준이를 교문 앞에서 애타게 기다렸어요. 교문 앞에 계시던 선생님께서는 호준이의 반에 가서 기다리라고 말씀하셨어요. 하지만 선생님의 말씀도 귀에 들어오지 않았어요.

드디어 내 눈앞에 호준이가 나타났어요. 나는 실내화를 신은 채 호준이를 향해 돌진했어요. 그리고 호준이를 보자마자 호준이의 가방을 잡아 흔들었어요.
"이호준, 내 퍼즐 빨리 내놔."
나는 눈에 힘을 주고 불타는 표정으로 호준이를 바라보았어요. 그때 호준이가 가방을 열어서 내게 무엇인가를 건네주었어요.
"이거 너 주려고 가지고 왔어."
호준이가 내 손에 인형 젤리 한 봉지를 올려놓았어요. 그리고 퍼즐도 함께 올려놓았지요.
나는 인형 젤리와 퍼즐을 보면서 아무 말도 할 수 없었어요. 호준이는 화해하는 방법을 알고 있었나 봐요. 나는 말없이 교실로 들어갔어요.

방법

'방법'은 어떤 일을 해 나가거나 목적을 이루기 위해서 사용하는 도구나 형식입니다. '방법'을 알지 못하면 일을 할 수 없습니다.

연필을 깎는 방법을 모르고 연필을 깎을 수는 없습니다. 텔레비전을 켜는 방법을 모르고 텔레비전을 볼 수는 없습니다. 공을 차는 방법, 줄넘기하는 방법, 컴퓨터를 사용하는 방법, 휴대전화로 게임을 하는 방법, 피구 공을 던지는 방법 등 우리는 수없이 많은 '방법'을 알고 있습니다. 어떤 일이나 어떤 목적을 이루기 위해서는 '방법'을 꼭 알아야 합니다.

내가 알고 있는 '방법'에는 어떤 것들이 있을까요?

* 어떤 문제가 생기면 그 문제를 해결하기 위해 가장 좋은 □□을 찾는 회의를 열어야 합니다.
* 요리하는 □□을 알면 음식 만들기도 어렵지 않아요.

* 공부하는 ☐☐은 사람마다 다르지만, 독서는 가장 기본적인 공부 ☐☐이에요.
* 과학자가 연구하는 ☐☐을 어린이들이 배운다면 어린이들도 과학자가 될 수 있습니다.

시우는 글을 정확하게, 빠르게 소리 내어 읽는 방법을 잘 알고 있어요. 선생님은 여러분에게 항상 "큰 소리로 다른 사람이 들을 수 있게, 정확하게, 또박또박 읽으세요"라고 말하잖아요?

시우가 혼자서 글을 읽을 때는 큰소리로 읽을 필요가 없어요. 눈으로 읽으면 돼요. 그런 읽기 방법을 '묵독'이라고 해요.

그런데 수업 시간에 다른 학생들과 함께 읽을 때는 교실에 있는 모든 친구가 들을 수 있을 정도의 크기로 읽는 게 좋아요. 그렇게 읽는 방법을 '낭독'이라고 해요.

신문에 나오는 낱말 넣어서 문장 만들기

　시험을 본다는 말을 들으면 기분이 좋아요. 행복하지요. 내가 시험을 잘 보면 엄마가 좋아하시기 때문이에요. 아침에 가방을 메고 나올 때, 엄마께서 말씀하셨어요.

　"오늘은 시험 보는 날이다."

　"무슨 시험이요?"

　"신문에 나오는 낱말 다섯 개 넣어서 문장 말하기."

　엄마와 나는 일주일에 한 번씩 신문에 나오는 낱말 중에서 내가 골라서 세 개의 낱말 뜻을 알아보고, 그 낱말을 넣어 말하는 시험을 봅니다.

　이 시험은 어렵지 않아요. 하지만 이 시험을 잘 치러면 신문을 잘 읽어야 합니다. 신문에는 어려운 낱말이 많아요. 그래서 내가 관심 있는 낱말을 잘 골라야 하지요. 그리고 신문을 읽으면서 그 낱말의 뜻을 생각해야 해요. 뜻을 모르면 사전에서 찾아야 하지요. 그리고 그 낱말의 뜻을 생각한 다음, 나는 그 낱말을 넣어 말하기를 연습해요. 이렇게 하다 보면 내가 모르는 낱말을 알게 됩니다.

"시험 범위는요?"

"시험 범위는 이번 주에 네가 읽은 신문에서 고른 낱말 열다섯 개 중에서 다섯 개 넣어서 말하기야."

나는 학교로 걸어가면서 월요일부터 금요일까지 내가 고른 낱말을 적은 수첩을 꺼냈어요. 그리고 그 낱말을 천천히 읽었어요. 낱말 뒤에는 뜻이 적혀 있어요. 그리고 그 뜻을 생각하면서 내가 말을 만들었어요. 엄마가 낱말을 물어본다고 생각하면서 나도 말을 만들어 보았어요.

"한양도성."

"한양도성은 지금의 서울이라고 말할 수 있어요."

"순회."

"비티에스가 세계 여러 나라를 다니면서 순회공연을 합니다."

"공공."

"학교는 공공 기관입니다."

범위

'범위'는 테두리가 정해진 구역을 가리키는 말입니다. 그래서 '범위'를 '테두리'라고도 부릅니다.

산에서 염소를 기르는 사람들은 테두리를 쳐 두고 그 안에서 염소를 기릅니다. 염소가 지낼 수 있는 곳에 테두리를 둘러 염소가 다른 곳으로 가지 못하도록 막은 곳을 '범위'라고 합니다.

'시험 범위'도 마찬가지입니다. 시험 범위는 시험을 보기 위해서 문제를 출제하는 범위입니다. 마치 염소가 지내는 테두리 안의 공간처럼 시험 범위는 우리가 배운 내용이 됩니다.

그런데 '범위'라는 말보다 테두리를 쓰도록 권장합니다. 어색하지만 이렇게 말하세요. "엄마, 시험 테두리 줄여 주세요."

* 닭장 안에 있는 닭은 움직일 수 있는 ☐☐ 가 제한되어 있습니다.
* 친구들은 시험 ☐☐ 가 넓을수록 공부하기가 힘들다고 생각

합니다.

* 영수는 게임을 하면서 자신이 조종하는 캐릭터의 세력 ☐ 를 넓히려고 다양한 기술을 활용하였습니다.
* 우리는 누군가의 질문에 답을 할 때, 자신이 아는 ☐ 내에서 말하게 됩니다.

> 자, 이번 주에 우리가 공부할 범위를 한번 알아볼까요? 먼저 자신의 마음을 전달하는 방법을 배우게 되겠죠? 마음을 전달하는 방법을 배우기 전에 마음을 나타내는 말의 종류에는 어떤 것들이 있는지 알아야겠네요.
> 감정을 나타내는 말의 범위는 무척 넓어요. 그러니까 그 범위를 잘 생각해야겠죠? '기쁨', '슬픔', '미안함', '안타까움', '죄송함', '화남', '행복함', '즐거움', '만족함', '불만족함', '싫음', '좋음' 따위가 있어요. 재영이가 '놀라움'도 있다고 말하네요. 더 찾아볼까요?

 변화

'변화'라는 이름의 꽃?

"꽃 중에서 가장 보기 어려운 꽃은?"
"모르겠어요."
"변화!"
"네?"

어젯밤 꿈에서 어떤 도사님이 나에게 던진 질문과 답이에요. 나는 이 꿈 내용을 그대로 선생님께 말씀드렸어요.
"선생님, 꽃 중에서 가장 보기 어려운 꽃은 무엇인가요?"
"뭐라고? 꽃을 보기 어렵다니? 꽃이 잘 안 핀다는 거니? 아니면 꽃이 없으니까 보기 어렵다는 거니?"
"잘 모르겠어요."
"선생님도 모르겠네. 정답이 뭐니?"
"정답은 '변화'입니다."

"왜?"

"잘 모르겠어요."

"아하, 알겠다!"

"네?"

"변화가 보기 어려운 꽃인 이유는 사람이 변화되기 어렵기 때문일 거야."

"네? 사람이 변화되기 어렵다고요?"

"너는 잘 변하니? 네 생각, 네 행동, 네 마음, 네 신념. 잘 변한다고 생각해? 그렇지 않을걸?"

　선생님의 말씀을 듣고 보니 생각이 정리되었어요. 사람이 쉽게 변화하지 않는다는 말씀을 듣고 보니, 도사님의 질문을 이해할 수 있었어요. '화(花)'는 꽃을 가리키는 한자어인데, 도사님은 의도적으로 '변화'를 꽃이라고 했어요. 변화는 한자로 '變化(변할 변, 될 화)'이기 때문에 단어에는 꽃화(花) 자가 없어요. 인간이 쉽게 바뀌지 않는다고 생각한 도사님이 나에게 왜 그런 이상한 질문을 했을까요?

변화(하다)

'변화'는 어떤 것의 성질, 모양, 상태 따위가 바뀌어 달라진다는 뜻입니다. 만일 잘 울던 동생이 갑자기 잘 울지 않는 동생으로 바뀌었다면 동생은 '변화'된 것입니다. 얼음이 녹아서 물로 바뀌었다면 얼음이 물로 변화되었다고 말할 수 있습니다.

'변화되다', '변화하다', '변하다'는 서로 비슷한 뜻으로 쓸 수 있습니다. '생각이 변했구나', '머리 색깔이 변했네?', '우리 사회가 변하고 있지?', '우리 동네의 변화에 대해서 알아볼까요?' 이런 말은 우리가 평소에 자주 사용하는 말입니다.

* 미래에 다가올 ☐☐ 를 짐작하는 힘이 있으면 지금 내가 무슨 일을 해야 하는지 알 수 있습니다.
* 우리 사회의 ☐☐ 를 우리가 느끼지 못하는 경우도 많습니다.
* 떡을 접시에 오랫동안 두었더니 딱딱하게 ☐☐ 되었습니다.
* 친구들과 함께 물걸레로 청소했더니 우리 교실이 깨끗하게

☐☐되었습니다.
* ☐☐를 두려워하면 내가 원하는 일을 할 수 없습니다.
☐☐를 두려워하지 말고 ☐☐를 즐겨야 합니다.

여러분은 혹시 '변화를 두려워하면 성공할 수 없다'라는 말을 들어 본 적이 있나요? 여러분도 잘 알겠지만, 사람은 자기 자신이 변화되는 것을 좋아하지 않아요. 왜 그럴까요? 왜냐하면 자신이 변화하려면 큰 노력이 필요하기 때문이에요.

여러분이 잘하고 싶은 게 있나요? 그것을 잘하려면 가만히 있으면 될까요? 아하, 요즘 지안이가 줄넘기 도사가 되려고 등교하자마자 줄넘기에 푹 빠져 지내죠? 아주 좋아요. 지안이의 건강한 변화를 기대합니다.

 분위기

까마귀는 분위기가 어두워?

까마귀는 어두운 분위기를 만드는 동물일까요? 까마귀를 보면 마음이 무거워져요. '왜 그럴까?' 생각했는데 까마귀가 검정 옷을 입고 있기 때문이에요. 까치는 흰 무늬가 있는 옷을 입고 있어서 다정한 분위기를 느낄 수 있어요. 그래서 까마귀보다 까치에게 친근감을 느끼지요.

그런데 까치는 까마귀에 비해 나쁜 행동을 많이 해요. 전봇대에 까치집을 지어 전기를 끊어요. 자라나는 과일을 부리로 파먹어 농사를 망쳐요. 그래서 농부들은 까치를 싫어해요. 그렇다고 농부들이 까마귀를 좋아할까요? 그렇지 않아요. 왜냐하면 까마귀 울음소리를 싫어하기 때문이에요.

까마귀가 학교 뒤쪽 길가에 있는 전봇대에 앉았어요. 까마귀 우는 소리가 크게 들렸어요. 까마귀 소리를 들으니 정말 분위기

가 이상했어요. 좋지 않은 일이 일어날 것 같은 분위기였어요.

"깍, 깍, 깍."

까마귀가 길가에서 무엇을 발견했는지 날개를 펴고 아스팔트 길로 내려왔어요. 그리고 검은 발로 그것을 꼭 움켜쥐고 다시 날아서 전봇대로 올라갔어요. 순식간의 일이었어요. 날개를 활짝 편 까마귀는 생각보다 컸어요. 전봇대에 앉은 까마귀는 주위를 두리번거렸어요. 그리고 발톱을 세워 그것을 꼭 잡고 뜯어먹기 시작했어요.

"우두둑, 우두둑, 우두둑."

뜯어먹는 소리가 요란스러웠어요. 내 발아래에 까마귀가 먹던 음식 부스러기가 떨어졌어요. 라면 부스러기였어요.

"까마귀가 라면을 먹네."

나는 까마귀가 라면을 먹는 모습을 넋을 잃고 쳐다보았어요. 목이 아팠지만, 신기해서 계속 쳐다보았어요. 그러다가 까마귀를 향해 큰 소리로 말했어요.

"맛있니? 라면 맛있어?"

까마귀는 잠시 나를 보더니 다시 힘차게 뜯어먹기 시작했어요. 묘한 분위기가 느껴졌어요.

분위기

'분위기'는 여러 가지 뜻을 담고 있는 말입니다. 우리가 살고 있는 지구를 둘러싸고 있는 기체를 '분위기'라고 합니다. 그래서 우리는 지구의 '분위기' 속에서 살고 있습니다. 어떤 곳이나 어떤 장면을 보고 느낄 수 있는 '기분'도 '분위기'라고 말합니다.

'분위기'를 상황이나 환경이라는 말과 같은 뜻으로 쓰기도 합니다. 어떤 사람이나 물건이 지니는 독특한 느낌을 '분위기'라고 부릅니다. 많은 사람이 생각하고 있는 사회적인 흐름도 '분위기'라고 부릅니다. 작품을 읽을 때 느낄 수 있는 독특한 느낌도 '분위기'라고 말합니다.

* 겨울에는 금세 어두워지는데, 어두워지면 무서운 ☐☐☐가 느껴집니다.
* 슬픈 영화를 보다가 눈물을 흘렸는데 교실 안의 ☐☐☐가 무거웠습니다.

* 우리 학교에는 농촌 □□□를 느낄 수 있는 아주 작은 논과 밭이 있습니다.
* 우리 반 친구들이 모두 똑같은 색깔로 옷을 맞춰 입었더니 독특한 □□□가 느껴졌어요.
* 우리는 고운 말을 쓰는 □□□를 만들기 위해 친구에게 높임말을 쓰고 있습니다.

나은이의 그림을 볼까요? 동생이 함박웃음을 짓고 있네요. 입을 보세요. 세상이 다 입 안으로 들어갈 것 같은데요? 그만큼 화기애애한 분위기가 느껴지네요.

여러분이 지금 그리고 있는 그림에서 여러분은 어떤 분위기를 느낄 수 있나요? 여러분이 나타내려고 하는 분위기를 잘 표현하려면 특징이 잘 나타나게 그려야 해요. 행복한 분위기를 나타내려면 어떻게 해야 할까요? 여러분이 그리고 있는 사람들이 웃는 모습이 잘 나타나게 해야 합니다.

 비교

감자와 고구마를 비교하라고요?

　감자와 고구마를 비교하라고요? 감자는 감자, 고구마는 고구마인데 어떻게 비교하죠? 알았어요. 감자와 고구마를 비교하려면 몇 가지 기준을 정해야 해요. 그 기준은 저 혼자 정하지 않을래요. 친구들에게 물어볼 거예요.

　먼저 친구들에게 두 채소 중에서 무엇을 좋아하는지 물어봤어요. 그랬더니 친구들이 손을 들면서 서로 눈치를 보는 거예요. 고구마를 좋아하는 남학생은 6명, 고구마를 좋아하는 여학생은 6명이었어요. 감자를 좋아하는 여학생은 5명, 감자를 좋아하는 남학생은 6명이었어요. 저는 손을 안 들었는데, 저는 고구마보다 감자를 더 좋아해요. 결과는 반은 고구마를, 반은 감자를 좋아하는 거예요. 다른 반에서 조사하면 아마 다른 결과가 나올 거예요.

크기를 비교할까요? 제가 본 감자와 고구마의 크기를 비교하면 고구마가 더 커요. 큰 고구마는 정말 제 얼굴 반쪽만큼이나 컸어요. 물론 작은 고구마도 봤어요. 감자보다 작은 고구마도 봤어요. 그래도 고구마는 감자보다 커요. 감자는 구슬만큼 작은 크기도 있어요. 자갈 같은 크기도 있고요. 농부는 감자 크기를 마음대로 조절할 수 있을까요?

그럼, 이 두 채소는 어떻게 먹을까요? 큰 고구마는 고구마튀김을 해요. 작은 고구마는 삶아서 먹고요. 우리는 감자튀김을 더 많이 먹어요. 햄버거 가게에서 먹는 감자튀김도 감자를 잘라서 만들어요.

색깔을 비교할까요? 겉모습을 먼저 말하면, 고구마는 보라색, 감자는 연한 황토색이에요. 속살은 감자의 속살보다 고구마의 속살이 더 노랗죠. 고구마와 감자를 삶은 다음, 갈라 보면 색을 더 쉽게 비교할 수 있어요.

어? 이렇게 비교하니 고구마와 감자를 비교할 게 더 있는걸요? 비교한다는 거, 어려운 일이 아닌데요?

비교(하다)

'비교'는 둘 이상의 사물을 견주어 서로 간의 유사점, 차이점, 일반 법칙 따위를 살펴보는 일입니다. '비교하다'는 말은 둘 이상의 무엇인가를 견주는 일입니다. '견주다'는 말은 '비교하다'는 말과 같은 뜻입니다.

견주기를 잘하려면 비교하고자 하는 대상의 특징을 잘 알아야 합니다. 견주고자 하는 대상이 둘 이상이기 때문에 '같은 점'이나 '유사점', '공통점'을 먼저 파악하는 것이 좋습니다. 그런 다음, '차이점'을 파악해야 합니다. 비교하기를 잘하는 어린이는 사고력도 우수합니다. 사고력을 높이는 것을 원한다면 비교하기를 잘하면 됩니다.

* 엄마, 제발 저를 영철이와 ☐☐하지 마세요.
* ☐☐하지 않고 두 대상의 차이점을 찾기는 어려워요.
* 마로니에 나무와 은행나무를 ☐☐했을 때, 어떤 나무를 가로

수로 심는 것이 좋을까요?

* 수학과 과학을 ☐☐ 하면 공통점이 많을까요, 차이점이 많을까요?
* 개미와 귀뚜라미를 ☐☐ 하면 곤충의 특징을 쉽게 알 수 있습니다.

현승이가 레서판다와 대왕판다를 잘 비교했어요. 귀여운 생김새는 비슷하지만, 크기와 색깔은 다릅니다. 비교하기는 수준 높은 생각하기예요. 다른 대상을 잘 비교하면 결국에는 내 생각, 즉 여러분의 생각이 더 깊어집니다.

자, 그럼 '기쁨'과 '슬픔'을 한번 비교할까요? '기쁨'과 '슬픔'은 손으로 만질 수 있는 물건이 아니기 때문에 비교하기가 매우 어렵습니다. 그런데 이 두 낱말을 비교하기 위해 '같은 점'과 '다른 점'을 생각하면 기쁨과 슬픔이 전혀 다른 느낌이라고 생각하지는 않을 거예요.

내가 만드는 상상의 동물

　나는 간혹 꿈을 꾸는데, 그때마다 참 독특한 동물이 내 꿈에 나타나요. 예를 들면, 어제 내 꿈에 나타난 동물은 바나나와 똑같이 생겼는데 우리 집 강아지처럼 네발로 걸어 다니는 동물이에요. 처음에는 무섭다고 생각했는데 몇 번 이런 꿈을 꾸고 나니까 내가 스스로 동물의 새로운 모습을 상상하게 되었어요.

　이런 동물은 어떨까요? 개미와 똑같이 생겼는데, 애완용 강아지 크기 정도가 되는 동물. 나는 집에서 개미를 자주 봐요. 개미를 볼 때마다 '저렇게 부지런한 개미가 커진다면 우리에게 참 많은 도움을 주겠구나' 하고 생각해요. 고민은 있어요. 만일 개미가 강아지처럼 커진다면 개미를 어디에서 재워야 할까요?
　아니, 개미의 턱이 더 무서울 수도 있어요. 개미의 턱 힘이 무척 세다는 것을 알고 있기 때문이에요. 개미가 화가 나서 입으로

내 몸 어딘가를 물어버리면 큰 문제가 생길 거예요. 이렇게 상상하면 즐거워요. 상상하기는 즐거운 일이에요.

나는 동물들과 대화하는 상상을 해요. 나는 우리 학교 주변에 다니는 고양이를 볼 때마다 이렇게 말해요.
"나비야, 안녕? 너, 어제 잘 잤니?"
내가 고양이에게 말을 걸면 고양이가 나를 쳐다봅니다. 그러면 나는 손을 펴고 천천히 손가락을 오므리면서 고양이를 나에게 오라고 해요. 어떤 고양이는 50센티미터 가까이에까지 온 적도 있어요. 언어 번역기를 만들어 동물의 목에 걸면 동물들이 말할 때 우리말로 번역이 되는 그런 일도 상상해요.

나는 말을 무척 좋아해요. 그리고 농촌에서 볼 수 있는 소도 무척 좋아해요. 나는 때때로 말과 소와 친해지는 상상을 해요. 그중 한 가지 방법은 내가 말과 소가 자는 곳에 함께 자는 일이에요. 나는 소와 말에게 책을 읽어 주고, 소와 말은 내가 읽어 주는 책의 내용을 들어요. 이런 일을 상상하면 참 즐거워요.

상상(하다)

'상상'은 실제로 경험하지 않은 현상이나 사물에 대하여 마음속으로 그려 보는 일입니다. '상상하기'는 마음속으로 그려 보는 생각하기입니다. 내 마음대로 생각하기는 우리가 할 수 있는 가장 자유로운 생각하기입니다. 무엇이든지 내가 생각하는 대로 '상상'을 할 수 있다는 것은 정말 참 행복한 일입니다.

조금 힘든 일이 있거나 좋지 않은 일이 있더라도, 상상하기만 잘하면 기분이 좋아질 수 있습니다. 상상하기의 힘은 참 대단합니다. 내가 상상하면, 공룡이 살던 시대로 갈 수 있고, 아직 오지 않은 100년 뒤의 세상으로도 갈 수 있습니다.

* 세상에는 우리가 ☐☐하기 힘든 일들이 일어납니다.
* 우리는 해치를 ☐☐의 동물이라고 말합니다.
* 나는 천사가 나오는 영화를 볼 때, 내 몸에 천사의 날개가 돋아나는 ☐☐을 합니다.

* 우리는 ☐☐으로 더 좋은 세상을 만듭니다.
* 책을 읽다 보면, ' 날개를 펼쳐라'는 말을 볼 때가 있는데, 이 말을 보면 생각하는 힘이 매우 중요하다는 것을 알 수 있어요.

　　서웅이의 상상력은 대단하죠? 오늘은 요리하는 고양이를 그렸네요. 그림에는 고양이가 생쥐와 떡볶이를 함께 먹는 장면이 있어요. 동물들은 매운 음식을 먹지 않는 게 좋은데, 상상이니까요. 여러분은 서웅이처럼 마음먹은 대로 상상할 수 있어요.

　　동화책을 읽을 때도 여러분의 상상력이 필요합니다. 여러분이 상상하면 언제든지 주인공의 모든 것을 상상할 수 있어요. 주인공의 얼굴은 어떨까요? 책 속에 나오는 주인공의 모습을 정확하게 알고 있는 사람은 아무도 없습니다. 여러분의 생각에 따라, 여러분의 상상에 따라 인물의 모습이 결정됩니다.

 생활

하얀 눈 속에 먼지가 섞여 있다니요?

눈이 내립니다. 눈발이 뻥튀기한 옥수수 알갱이보다 굵습니다. 눈이 멈추지 않습니다. 그래서 선생님 마음도 급해집니다.
"오늘은 눈이 너무 많이 와서 일찍 집에 가게 되었습니다."
학교생활을 하면서 집에 일찍 가는 날은 거의 없습니다. 언제부턴가 미세먼지가 우리나라를 괴롭히고 우리를 괴롭히지만, 미세먼지가 많은 날에도 집에 일찍 가지는 않았습니다. 그런데 오늘은 눈이 많이 내린다고 집에 일찍 가라고 하니 참 신기한 일입니다.

벌써 운동장에 눈이 쌓였습니다. 쌓인 눈 위에 난 발자국이 선명하게 보일 정도로 눈이 많이 쌓였습니다. 입김도 나옵니다. 옷깃을 세워야 합니다. 바람도 세차게 불어옵니다.
버스를 타고 집으로 왔습니다. 아파트 주차장으로 들어가는데 어머니가 탄 차도 들어왔습니다. 어머니의 차 위에도 눈이 쌓여 있습니다. 어머니가 차를 주차할 때 차 앞으로 다가갔습니다. 어머니는 천천히 물건을 내렸습니다. 나는 물건을 내리는 어머니를 도와드렸습니다.

지하 주차장은 바깥보다 따뜻합니다. 자동차 뒤에서 물방울이 뚝뚝 떨어졌습니다. 차에 쌓였던 눈이 녹고 있었습니다. 물건을 들고 가려고 하는데, 어머니 자동차 앞 유리창에 시꺼멓게 생긴 자국이 보였습니다. 지저분한 얼룩처럼 보였습니다.
"엄마, 앞 유리창이 왜 저렇죠?"
"모르니? 눈에 먼지가 얼마나 많은데."

하얀 눈에 먼지가 섞여 있다는 사실을 처음 알았습니다. 생활의 발견입니다. 내일 학교 미끄럼틀도 살펴볼 생각입니다. 만일 시꺼먼 흙 얼룩이 있다면, 그 얼룩이 결국 우리 동네 하늘에 떠돌아다니는 미세먼지라는 것을 저는 생활의 발견을 통해 확인하게 되겠죠? 아, 내일이 기대됩니다.

생활

사람이나 동물들이 움직이며 살아가는 것을 '생활'이라고 말합니다. 물론 일정한 환경 속에서 살아가는 것을 말합니다. 물고기의 '생활'은 주로 물에서 이루어집니다. 우리 집 강아지 미루의 '생활공간'은 주로 우리 집과 우리 집 주변의 동네입니다.

'생활'이라는 말을 강조하려고 '실생활'이라고 말합니다. '실생활'은 '진짜 생활'이라는 뜻입니다. 그럼 '가짜 생활'도 있을까요? 부모님께서 살림을 꾸려 나가는 일도 '생활'입니다. 그리고 사람들이 가정이나 동네, 학교, 회사에서 활동하는 것도 '생활'입니다.

* 인간은 태어나면서 죽을 때까지 사회 ☐☐ 을 합니다.
* 사람은 왜 바른 ☐☐ 을 해야 한다고 말하는 걸까요? 그래야 사람들의 ☐☐ 이 편리해지기 때문입니다.
* ☐☐ 습관이 중요한 이유는 습관에 따라 우리들의 생각과 행

동이 자신도 모르게 바뀌기 때문입니다.

* 집 앞에 있는 음식점 가게 이름이 '맛있는 ☐☐'인데, 가게 이름을 보자 웃음이 나왔어요. 그런데 그 옆에 '치킨의 ☐☐'이라는 가게가 또 있었어요.
* 말과 글은 사람이 살아가는 데 가장 중요한 ☐☐ 도구입니다.

　오늘 한 친구가 비꼬는 말을 했어요. 그 비꼬는 말이 속담이더라도 듣는 친구의 기분을 상하게 했다면 쓰지 않는 게 좋아요. 어린이든 어른이든 비꼬는 말은 삼가야 합니다. 비꼬는 말을 하면 언어생활이 거칠어집니다.
　말은 우리 생활에서 매우 중요합니다. 말 한마디에 친구가 상처받는 일이 있어서는 안 됩니다. 앞으로 한마디 말이라도 조심해서 사용하는 생활 습관을 기르기 바랍니다. 궁금해할 것 같아 말하는데 그 친구는 다른 친구에게 '너하고 말하느니 개하고 말하겠다'는 속담을 말했어요.

 설명

눈 쌓인 학교에서 고양이 설명하기

새하얗게 눈이 내렸어요. 학교에 일찍 오는 사람만 느낄 수 있는 것이 있어요. 그중 한 가지는 눈이 내린 운동장을 교문에서 바라보는 일이에요. 겨울 산에 내린 눈도 예뻐요. 겨울 바다에 눈이 내리는 모습도 아름답지요. 그런데 학교 운동장에 내린 눈도 예쁘고 아름다워요.

교문에서 한 발 한 발 눈을 밟으며 걸어가는데 눈 밟는 소리가 정말 새로워요.
"삐지지잉, 뿨지지이잉."
"뾰오더드윽."
눈 밟는 소리를 정확하게 표현할 수는 없어요. 눈 내린 날, 내가 직접 이런 소리를 내고 있다는 사실이 중요해요. 나보다 먼저 학교에 들어간 사람도 있어요. 그 사람의 발자국은 내 발자국보다 더 커요. 그런데 내가 발을 옮기는 순간 나는 중요한 발자국을 발견했어요. 그 발자국은 바로 고양이 발자국이에요.

나는 우리 학교에 고양이가 몇 마리 사는지 몰라요. 그 고양이가 어떻게 생겼는지도 정확하게 몰라요. 색깔은 짐작할 수 있지만, 고양이의 모습을 정확하게 설명할 수 없어요. 그런데 내린 눈 때문에 고양이가 몇 마리인지 짐작할 수 있게 되었어요. 그래서 가방을 멘 채 고양이 발자국이 난 곳으로 따라가 보았어요. 고양이 발자국이 만든 눈길은 모래밭 끝에서 세 군데로 나누어져 있었어요.

이 세 마리의 고양이 발자국은 울타리에서 사라졌어요. 우리 학교에 사는 고양이가 이 울타리로 학교를 드나들고 있었어요. 문득 궁금증이 생겼어요. 그런데 고양이는 우리 학교 어디에서 잘까요? 고양이를 보면 물어보고 싶어요.

"나비야, 네가 잠자는 곳은 도대체 어디니?"

설명(하다)

'설명'이라는 말은 어떤 일이나 대상에 대한 내용을 상대방이 잘 알 수 있도록 밝히는 일입니다. 우리가 '설명을 잘한다'라고 말할 때, 그 기준은 상대편이 얼마나 잘 이해하는가에 따라 결정됩니다. 그래서 말하거나 글을 쓸 때, 상대방이 잘 이해하도록 '설명'을 잘해야 합니다.

'설명'이 왜 필요할까요? 사람과 사람이 서로 어울려 살아야 하기 때문입니다. 어울려 살려면 서로 뜻이 잘 통해야 합니다. 그래서 '설명'이 필요합니다.

* 도대체 나는 이어달리기 규칙을 어떻게 ☐☐ 해야 할지 모르겠어요.
* 옛날에는 설명하는 글을 ☐☐ 문이라고 했는데, 요즘에는 ☐☐ 문을 '정보 전달의 글'이라고 부릅니다.
* 무엇에 대해 ☐☐ 을 잘하려면 ☐☐ 할 내용을 많이 알아

야겠지요?

* "진숙이는 ☐☐이 필요 없는 아이야"라는 말은 진숙이가 그만큼 신뢰받는 친구라는 말이에요.

* 말로 ☐☐하기보다 글로 ☐☐하기가 더 어렵습니다.

여러분, 오늘은 여러분이 준비한 자료를 직접 설명하는 시간을 갖도록 하겠습니다. 먼저 여러분이 준비한 자료를 여러분의 짝에게 설명해 주세요. 순서를 정한 뒤에 먼저 짝에게 자신이 설명할 내용을 말하기 바랍니다.

다연이는 '광해군일기'에 관해 설명할 자료를 준비했네요. 다연이의 설명이 다 끝나면 이어서 짝이 설명하면 됩니다. 짝이 설명할 때는 잘 들어야 하겠죠? 짝에게 설명하는 활동이 끝나면 모둠을 만들고 짝에게 설명한 것처럼 모둠 친구들에게 자신이 설명해야 할 내용에 대해서 자세하게 설명하면 됩니다. 모둠 친구들은 다른 친구가 설명할 때 반드시 귀를 기울이고 바른 자세로 듣기 바랍니다.

시간(시각)

학교에서는 시간을 잘 활용해야 해요

우리가 학교에서 지내는 시간은 얼마일까요? 학교에서 방과 후 수업을 하지 않고 바로 집으로 간다면 1년 동안 몇 시간을 학교에서 지내는 걸까요? 약 4,000시간을 학교에서 지냅니다. 참 많은 시간을 학교에서 지내지요.

하루를 생각해 볼까요. 가방을 메고 학교에 들어갑니다. 학교 교문을 들어서는 시각이 언제일까요? 학생에 따라 다르지만 8시 40분부터 9시 사이에 교문을 들어섭니다. 조금 늦게 학교에 가는 학생은 9시 넘어 교문을 들어서기도 하지요.

수업 시작을 알리는 음악 소리가 울리면 수업을 시작합니다. 초등학교 1교시 수업 시간은 40분이에요. 월요일에 5교시 동안 수업하면 200분 동안 수업하게 되지요. 수업을 마치는 시각은 요일에 따라 다릅니다.

학교에서는 시간을 잘 활용해야 합니다. 특히 쉬는 시간을 잘 활용해야 합니다. 친구들은 쉬는 시간에 무슨 일을 할까요? 내가 몇몇 친구들에게 쉬는 시간에 무엇을 하는지 물어봤어요.

"음, 나는 하는 일이 없이 친구들과 이야기를 나누지."
"나에게는 화장실 가는 일이 중요해."
"다음 시간에 공부할 교과서를 미리 준비해."
"그야말로 쉬는 거지. 조용히 자리에 앉아서."
"나는 보건실에 다녀오기도 해."
"도서관에 가서 책을 대출하기도 하지."
"나는 선생님 심부름을 하지."
"시간이 짧지만, 밖에 나가서 공을 몇 번 차지."
"줄넘기 100회를 하면 시간이 딱 맞아."

친구들의 이야기를 들으면서 나는 쉬는 시간에 무엇을 하는지 생각해 봤어요. 나는 친구들과 이야기를 자주 나누지요. 선생님께서 큰 소리로 말씀하십니다.
"자, 수업 시작할 시각입니다. 교과서 펴세요."

시간과 시각

'시각'은 '시간'의 어느 한 시점을 가리키는 말입니다. '시간'은 길지만, '시각'은 짧습니다. '시간'은 시각과 시각의 사이를 나타내는 말입니다. 그래서 '시간'의 어느 한 시점을 이야기할 때, "부산행 버스 출발 시각이 언제인가요?"라고 질문해야 합니다. "출발 시간이 언제인가요?"라고 묻는다면 틀린 질문을 한 셈입니다.

'시각'의 의미를 정확하게 아는 어린이라면 시간이 참 소중하다는 것을 느끼겠죠? 아참, 국어사전에는 '시간'이 '시각'과 같은 뜻이라고 규정하고 있습니다. 참고하기 바랍니다.

* 우리가 경복궁에 도착한 ☐☐을 알 수 있나요?
* 시간에는 수없이 많은 ☐☐이 들어 있습니다.
* 우리 학교 벽시계가 가리키는 현재 ☐☐을 말해 볼까요?
* 버스 정류장에는 버스가 도착하는 예정 ☐☐을 안내하는 전광판이 있습니다.

* ☐☐은 순간이라 짧고, 시간은 길어요.

지현이 수첩은 유명하죠? 지현이는 수첩에 하루 계획을 깨알처럼 적어 놓았어요. 참 대단해요. 지현이는 시간을 허투루 쓰지 않아요. 계획적으로 생활하는 거죠.

여러분도 하루 생활 계획을 잘 세워야 합니다. 생활 계획을 잘 세운다는 말은 여러분의 하루 시간을 잘 활용한다는 말입니다. 시간을 잘 활용하려면 먼저 오늘 여러분이 계획한 일을 하는 데 얼마나 많은 시간이 필요한지 알아야 합니다.

그리고 여러분이 그 일을 할 때 필요한 시간을 기록해야 합니다. 실제로 그 일을 할 때는 그 일을 시작할 때의 시각을 정확하게 기록해야 합니다. 그리고 그 일을 끝마쳤을 때의 시각도 기록해야 합니다. 그래야 다음에 다른 일을 할 때도 참고할 수 있습니다.

 실천

학교 일찍 가기를 실천하면?

학교에 일찍 가세요. 학교에 일찍 가면 새로운 세상이 보여요. 어떤 새로운 세상이 보일까요? 한번 상상해 보세요. 눈이 내린 운동장을 내가 제일 먼저 밟는 모습, 잠자는 운동장을 밟아 내가 운동장을 깨우는 장면을……. 학교에 일찍 가면, 아침 햇살이 학교 건물을 미끄럼 타듯 내려오는 장면을 내가 제일 먼저 목격할 수 있어요.

학교에 일찍 가면 가장 먼저 학교 보안관께서 나를 맞이해 주세요. 친구들과 여럿이 교문을 들어설 때와는 달라요. 학교 보안관께서는 평소보다 더 밝게 웃으세요.
"일찍 왔구나? 너는 누구니?"
"네, 안녕하세요? 저는 김지수입니다."
교실에 들어가면 더 특별한 일이 일어나요. 내가 가장 먼저 교

실 문을 열어요. 정말 신나는 일이에요. 밤새 교실 책상과 의자를 지킨 교실을 내가 제일 먼저 만나요. 내가 아는 교실 비밀번호로 자물쇠를 여는 기분은 정말 짜릿해요. 일찍 온 나만 할 수 있는 일이지요.

교실에 들어와서 먼저 무엇을 할까요? 내 마음이 결정해요. 내가 원하는 대로 무엇이든 할 수 있어요. 나는 물 주기를 선택했어요. 화분 물 주기를 하는 기쁨은 강아지를 어루만지는 기쁨과 비슷해요. 물을 길어 오는 발걸음도 가벼워요. 콧노래도 나와요. 내가 강낭콩의 뿌리를 적셔 주면 강낭콩은 벌떡 일어날 것만 같아요.

자리에 앉아 책장을 한 장 두 장 넘기면 누군가가 교실로 들어와요.
"지수야, 안녕?"
"혜린아, 안녕?"
혜린이는 내가 한 일을 몰라요. 혜린이는 가방을 두고 내 옆에 앉았어요. 그리고 나와 함께 책을 읽어요.

실천(하다)

'실천'은 생각한 것을 실제로 행동한다는 뜻입니다. 생각만 하고 행동으로 옮기지 않으면 '실천'했다고 말할 수 없습니다. '실천'은 무척 쉬운 일이기도 하지만 한편으로는 무척 어려운 일입니다. 왜냐하면 무엇을 생각한 뒤 실천하려면 특별한 노력이 필요하기 때문입니다. 만일 잘 실천했다면 계속해서 꾸준하게 실천해야 합니다. '실천'을 잘하려면 늘 진지하게 생각해야 합니다. 그래서 생각과 '실천'은 늘 가까이 붙어 다니는 말처럼 느껴집니다.

* 운동을 한다고 생각만 하고 ☐☐을 하지 않으니 건강해질 수가 없어요.
* 바르고 고운 말을 쓴다는 생각을 ☐☐으로 옮기는 것이 중요해요.
* 부모님의 잔소리를 듣지 않으려면 부모님께서 말씀하시는 내용을 늘 ☐☐하는 습관을 길러야 합니다.

* 우리 모두 교통 규칙 지키기를 ☐☐ 한다면 어린이 교통사고는 일어나지 않을 것이에요.
* 학교에서도 에너지 절약을 ☐☐ 할 수 있습니다.

여러분은 오랜만에 소리 내어 읽기를 연습했습니다. 글자를 읽을 때는 정확한 발음으로 읽어야 합니다.

소리 내어 읽기를 잘하려면 무엇보다 여러분이 평소에 소리 내어 읽는 습관을 길러야 합니다. 이런 습관을 기르기 위해서는 하루 5분 소리 내어 읽기를 실천해야 합니다. 하루에 5분씩 소리 내어 읽기를 하다 보면 자신도 모르게 소리 내어 읽기를 잘하게 됩니다.

소리 내어 읽기를 잘해야 소리를 내지 않고 눈으로 빠르게 읽는 묵독을 잘할 수 있습니다. 재민이는 선생님이 쓴 글을 1분 20초에 소리 내어 다 읽었습니다. 그런데 세 군데가 틀렸습니다. 틀린 부분은 다시 읽어야 합니다.

 에너지

노란 에너지

"여러분들을 보면 에너지를 느낄 수 있어요. 여러분에게서 나오는 에너지 말이에요. 개나리꽃같이 선명한 노란색 에너지를 느낄 수 있어요."

"선생님, 에너지가 뭐죠?"

"에너지는 힘이죠. 우리를 살게 하는 힘."

"에너지는 어디에서 오나요?"

"에너지는 여러 곳에서 와요. 먼저 하늘을 볼까요? 하늘에서 에너지를 얻을 수 있답니다. 물론 밤이 아닌 낮에 태양에서 보내는 빛에너지와 열에너지를 얻을 수 있죠. 태양 에너지라고도 말하지요?"

"그럼, 에너지 덕분에 꽃이 자랄 수 있는 거네요."

"그렇죠."

"우리가 자랄 수 있는 것도 에너지 덕분이고요?"

"그럼요. 여러분이 자라는 데 무척 많은 에너지가 도움을 준답니다. 오늘 아침에 먹은 밥이 여러분을 자라게 합니다. 부모님의 사랑이 여러분을 자라게 합니다. 그리고 선생님의 사랑이 여러분을 자라게 하죠."

우리 교실 앞에는 목련 나무 두 그루가 있어요. 한 그루에는 하얀 백목련꽃이 피어 있어요. 다른 한 그루에는 보라색 자목련 꽃이 피어 있지요. 목련 나무는 추운 겨울 동안 저렇게 멋진 꽃을 피우려고 얼마나 많은 에너지를 준비했을까요?

선생님 말씀처럼 우리에게는 정말 노란색 에너지가 있을까요? 빨간색 꽃이 피는 나무에는 빨간색 에너지가 흐르고 있을까요? 그래서 선생님께 여쭈어 보았어요.

"선생님, 왜 우리에게 노란색 에너지가 느껴진다고 하셨어요?"

"왜냐하면, 여러분이 웃는 모습이 개나리꽃을 닮았기 때문이죠."

노란 에너지는 웃음 에너지예요. 이제 나도 이 노란 에너지를 다른 사람들을 위해 뿜어내야겠어요. 그러면 다른 사람들도 내 노란 에너지를 보고 힘을 내겠지요?

에너지

'에너지'를 인간의 관점에서 보면, '에너지'는 인간이 활동하는 근원이 되는 '힘'을 가리키는 말입니다. '에너지'는 '힘'이라는 말과 바꾸어 쓸 수 있습니다.

밥을 먹지 않으면 배가 고프고, 배가 고프면 힘이 없어서 일을 할 수가 없습니다. 그래서 우리는 밥을 '에너지'라고 말합니다. 밥 안에 '에너지'가 들어 있다는 말입니다. 그리고 밥을 먹고 나면 힘이 생기는데, 밥을 먹고 생긴 힘을 '에너지'라고 부릅니다.

사람들은 '에너지'가 없으면 활동할 수 없습니다. 태양이 없다면 어떻게 될까요? 상상할 수도 없지만 태양이 없으면 너무 어둡고 추워서 인간은 아무 활동을 할 수가 없습니다. 태양이 없다면 '태양 에너지'가 사라져 생명체가 살 수 없습니다.

* 어린이들은 늘 ☐☐☐ 가 넘쳐요. 그래서 어린이들이 있는 곳은 늘 활기차지요.

* 자동차를 움직이는 ☐☐ 에는 여러 종류가 있어요.
* 무엇인가 움직이려면 ☐☐ 가 필요합니다.
* 바람과 물을 이용해서 ☐☐ 를 만드는 사람들이 있어요. 그 사람들은 ☐☐ 가 늘 우리 곁에 있다는 사실에 감사합니다.

오늘은 정수가 만든 수수께끼를 소개할게요. 이 외래어가 사라지면 우리도 모두 살 수 없어요. 이 외래어는 무엇일까요? 참, 정수는 어떻게 이런 수수께끼를 만드는지 선생님도 그 비법을 알고 싶습니다.

여러분, 답을 짐작했다고요? 네, 지금 우리가 교실에서 공부하는 데도 이것이 꼭 필요해요. 전기 에너지라고요? 아닙니다. 왜냐하면 전기 에너지를 한자어 '전기'와 외래어 '에너지'가 합쳐진 말이니까요. 네, 맞습니다. 정답은 에너지입니다.

 이해

학교에서 가장 먼저 피는 꽃은?

"이 좋은 봄날, 학교에 어떤 꽃이 피는지 알아보는 것도 좋은 공부죠? 우리 학교에서 가장 먼저 피는 꽃 이름은 무엇일까요?"

"장미입니다. 장미는 우리 학교 교화입니다. 학교를 상징하는 장미는 행정실 앞 복도에 늘 피어 있습니다."

"장미가 지금 피어 있다는 말입니까?"

"사진 속에서 피어 있습니다."

"하하하, 진수의 생각도 좋은데요? 그런 생각이 우리의 사고력을 키워 주죠."

쉬는 시간에 친구들과 학교를 둘러보았어요. 학교 연못에는 이름 모를 풀이 물 밖으로 고개를 내밀고 있었어요. 화단 앞에는 키 큰 나무가 꽃봉오리를 터트릴 준비를 하고 있었지요. 꽃을 피우려고 준비하는 나무는 있었지만 이미 핀 꽃은 없었어요.

"준우야, 꽃이야. 저기 꽃이 피었는데?"
"어, 정말 꽃이 피었네. 그런데 무슨 꽃이지?"
"노란색인데? 노란색 꽃, 개나리는 아닌데……."
"이름은 모르지만 찾긴 찾았으니까, 선생님께 말씀드리자."

준우와 나는 교실로 들어왔어요. 그리고 선생님의 질문에 대한 답을 찾았다고 큰 소리로 말했어요.
"선생님, 가장 먼저 피는 꽃은 노란색 꽃입니다."
"노란색 꽃이라니? 이름은 모르나요?"
"네, 이름은 모르는데, 우리 교실 뒤편에 있는 키 큰 나무에서 노란색 꽃이 분명 피어 있는 걸 봤습니다."
"그랬군요. 그 꽃은 산수유꽃입니다."
"우리가 정말 잘 찾은 건가요?"
"아니에요. 그 꽃보다 먼저 핀 꽃이 있거든요. 바로 여러분의 교실꽃이에요."
"교실꽃이라고요?"
"네. 산에 피면 산꽃, 들에 피면 들꽃, 교실에 피면 교실꽃……."

이해(하다)

'이해'는 어떤 내용이나 어떤 일이 앞뒤가 잘 맞는지 분별한다는 뜻입니다. '이해'를 잘하는 사람은 '해석'도 잘합니다. '해석'은 문장이나 물건, 예술 작품, 영상, 그림, 건축물, 조각, 사진, 만화, 인터넷 자료 등으로 표현된 내용을 이해하고 설명한다는 뜻입니다. '이해'를 잘하는 사람은 무엇인가를 잘 깨달아 아는 사람입니다. 잘 알고 잘 받아들이는 사람을 '이해력'이 좋은 사람, '이해심'이 강한 사람이라고 말합니다.

* 우리는 ☐☐의 폭이 넓다는 말을 자주 하는데, 내가 과연 이 말을 들을 수 있을까요?
* 우리가 가지고 있는 ☐☐의 수준은 우리가 알고 있는 수준을 넘어설 수 없어요. 그래서 아는 만큼 ☐☐할 수 있습니다.
* 시를 ☐☐하고 소설을 ☐☐하기는 쉽지만, 우리의 삶을 ☐☐하기는 어렵습니다.

* 신문을 정확하게 ☐☐하려면 신문의 내용을 꼼꼼하게 읽고, 앞뒤 내용을 반드시 잘 살펴봐야 합니다.
* 다른 사람의 마음을 ☐☐하려면 그 사람과 친해져야 합니다.

　오늘 여러분은 민주주의의 중요성을 이해했습니다. 그렇다면 여러분이 이해한 내용을 한 문장으로 정의하기 바랍니다. '정의하기'는 어떤 말이나 사물의 뜻을 명백히 밝혀서 규정하는 것입니다.

　수현이의 정의를 먼저 볼까요? 민주주의는 모두를 위한 모두의 행복이다. 네, 수현이는 민주주의를 모두의 행복으로 정의했습니다. 태성이는 민주주의를 차별 없이 모두를 웃게 하는 내 마음대로 세상이라고 했습니다. 독창적이군요. 여러분이 민주주의의 중요성을 잘 이해했다고 생각합니다.

 인식

참깨 한 알의 가치를 인식해요

　오늘 점심 급식에 청포묵이 나왔어요. 청포묵은 녹두를 갈아서 만든 묵이에요. 배식을 하는 분은 내 식판에 청포묵 세 조각을 올려 주셨어요. 세 조각 정도의 청포묵은 나도 먹을 수 있어요.

　사실 나는 청포묵을 싫어해요. 맛도 없고 물컹거리는 느낌이 좋지 않기 때문이지요. 내가 받은 청포묵에는 가는 김이 열 개 정도 놓여 있었어요. 그리고 자세히 보니 참깨가 스무 알 정도 보였어요. 다른 때에는 청포묵과 함께 숙주나물이 나와요. 그런데 오늘은 숙주나물이 나오지 않았어요.

　나는 깍두기와 김치와 밥을 먹었어요. 무와 북어가 들어 있는 국과 함께 먹었어요. 밥은 호박, 당근, 완두콩을 넣어 볶은 볶음밥이었어요. 볶음밥 위에는 토마토케첩이 있었어요. 볶음밥을

다 먹고, 김치와 깍두기를 다 먹고, 국을 모두 다 먹었어요. 내 식판은 깨끗했어요.

그런데 선생님께서 내 식판을 보고 말씀하셨어요.

"깨끗해 보이는군요. 하지만 깨끗하지 않아요. 식판을 자세히 보세요."

내가 눈을 좀 더 크게 뜨고 보니 정말 깨끗하지 않았어요. 청포묵을 두었던 자리에 참깨가 그대로 남아 있었지요. 참깨는 너무 작아서 놓치기 쉬운데 선생님께서는 그 참깨를 보셨어요.

"그런데 이렇게 작은 참깨를 먹는 게 왜 중요하죠?"

"농부는 그 참깨 몇 알을 위해 정말 많은 땀을 흘렸어요. 그런 농부의 마음과 노고를 이해한다면 여러분은 참깨 한 알의 가치를 인식하게 되는 거예요."

나는 젓가락으로 참깨를 한 알 한 알 집었어요. 내가 젓가락으로 참깨를 집는 게 아니라 참깨가 내 젓가락에 달라붙는다는 생각이 들었어요. 그렇게 해서 나는 스무 개의 참깨를 모두 먹었어요. 참깨 한 알, 한 알을 씹을 때 고소함이 입속에서 터졌어요. 이제 음식에 대한 나의 인식도 바뀌게 되었어요.

인식(하다)

 '인식'이라는 말은 무엇인가를 보고 판단하면서 알게 된다는 뜻입니다. 예를 들어, 교통 규칙을 지키지 않고 무단 횡단을 한 사람이 교통사고 때문에 병원에서 온 구급차에 실려 가는 장면을 보고 '교통 규칙을 지키지 않으면 다칠 수 있구나'라고 생각하면서, '앞으로 교통 규칙을 준수하겠다'고 다짐하고 교통 규칙 지키기를 실천하게 되면, 이 어린이는 '교통질서'에 대해 인식했다고 말할 수 있습니다.

 어떤 일에 대해서 바르게 인식하기 위해서는 자신만의 관점이 아닌 다른 사람의 관점도 함께 생각하는 태도를 가져야 합니다.

* ☐☐의 정확한 뜻을 ☐☐하기는 매우 어렵습니다.
* 미세먼지가 몸에 나쁘다는 사실을 ☐☐하지 못하면 건강을 유지하기 어렵습니다.
* 한국인은 예의의 중요성을 잘 ☐☐하고 있어요.

* 남자는 힘이 세고, 여자는 힘이 약하다는 고정관념에 대한 ☐☐이 바뀌어야 합니다.
* 채소와 과일의 껍질에 영양분이 많이 들어 있다는 사실을 ☐☐하면 채소와 과일을 껍질째 먹을 수 있어요.

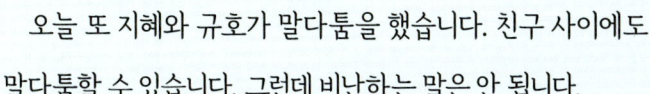

    오늘 또 지혜와 규호가 말다툼을 했습니다. 친구 사이에도 말다툼할 수 있습니다. 그런데 비난하는 말은 안 됩니다.
    여러분은 말의 중요성을 인식하고 있습니다. 말이 사람을 죽이고 살린다는 것을 잘 인식하고 있습니다. 그런데 자신의 감정 때문에 친구 잘못을 책잡아 나쁘게 쏘아붙이는 것은 옳지 않습니다. 짜증 난다는 말 대신에, 화났다는 말 대신에 조용히 말 차례를 정해서 차분하게 대화를 나누길 바랍니다.
    내가 말하면 그것으로 끝나는 것이 아닙니다. 말에는 에너지가 있습니다. 그 에너지가 나쁜 에너지라면 상대방의 기분도 나빠집니다.

 일반화

학교에서 바나나를 먹을 수 있다?

'요즘에는 봄에 딸기를 먹을 수 있다.'

이 말은 일반화된 말이에요. 왜냐하면 누구나 돈을 주고 봄에 딸기를 사 먹을 수 있기 때문이지요. 요즘에는 겨울과 봄에 온실에서 딸기를 재배해요. 온실은 추운 겨울에도 따뜻합니다.

3월 20일, 오늘 학교 급식에 딸기가 나왔어요. 딸기는 달콤하고 새콤했어요. 우리 학교 어린이들은 모두 봄에, 3월에 딸기를 먹었어요. 따라서 '요즘에는 봄에 딸기를 먹을 수 있다'라는 말은 일반화된 말이에요.

그렇다면 다음 말도 일반화된 말일까요?
"학교에서 바나나를 먹을 수 있다."

바나나도 학교에서 자주 먹을 수 있는 음식이기 때문에 일반화된 말이에요. 그렇다면 다음과 같은 말은 일반화된 말일까요?

"학교에서 바닷가재 요리를 먹을 수 있다."

이런 경우는 특수한 경우예요. 바닷가재의 가격 때문에 학교에서 바닷가재를 먹기는 어려워요. 그럼에도 단 한 번, 바닷가재를 학교에서 먹었더라도 학교에서 바닷가재를 먹는 일은 일반화된 사실이 아니에요.

'일반화'라는 말은 부분이나 특별한 것이 아니라 '전체'와 관계가 있어요. 다음 말은 일반화와 밀접한 관련이 있어요. 왜냐하면 우리나라 전체 초등학생들과 밀접한 관계가 있기 때문이에요.

"우리나라 학교는 여름 방학과 겨울 방학이 있습니다."

"한국에서는 학교에서 만든 점심을 학교에서 먹습니다."

"한국에서는 학교에서 교과서로 공부합니다."

초등학생들은 대부분 휴대전화기를 가지고 있어요. 초등학생이 가지고 있는 휴대전화기를 보면 스마트 기능이 있는 스마트폰이 대부분이에요. 그래서 다음과 같은 말도 일반화된 말이에요.

"한국 초등학교 학생들은 스마트폰을 가지고 다닌다."

일반화(하다)

'일반화'는 개별적인 것이나 특수한 것이 일반적인 것으로 되는 것을 말합니다. '일반화'라는 말은 일부에만 해당하는 것이 아니라 전체에 걸쳐 해당할 때 사용하는 말입니다. 우리 반에 20명의 학생이 있습니다. 학생 한 명, 한 명을 가리킬 때, '개별 학생'이라고 부릅니다. 개별 학생은 얼굴도 다르고 성격도 다릅니다. 얼굴과 성격의 특징을 일반화하기는 어렵습니다. 그런데 "3학년 3반 아이들은 인사를 잘합니다"라고 담임 선생님께서 말씀하실 수는 있습니다. 그 이유는 개별 학생이 모두 인사를 잘하기 때문입니다. 개별적이고 특수한 내용이 일반적인 내용으로 바뀌게 될 때 '일반화'라는 말을 씁니다. 한국 사람은 전반적으로 김치를 잘 먹습니다. 그래서 한국 사람들이 김치를 즐겨 먹는다는 말은 일반화된 내용입니다.

* 우리나라 장례식장에서는 검은색 옷을 입는 관습이 ☐☐☐

되어 있습니다.

* '폭력 없는 학교 만들기'를 ☐☐ 하려면 학생, 학부모, 선생님이 모두 힘을 모아야 합니다.
* 학교 안에서는 시속 10킬로미터 이하로 차가 다니도록 속도제한을 하는 일이 ☐☐ 되고 있습니다.
* '웃으며 인사하기 운동'을 ☐☐ 하면 모두가 더 행복하게 살 수 있지 않을까요?
* 공기가 나쁜 날에는 대중교통을 이용하는 교통 문화를 ☐☐ 해야 합니다.

　　보현이는 어린이가 매운 떡볶이를 좋아하는 것은 일반화된 사실이라고 말했습니다. 과연 그럴까요? 음식에 대한 개인의 선호도를 '일반화'와 관련짓는 것은 무리입니다.
　　실제로 초등학생은 떡볶이를 좋아합니다. 하지만 매운 떡볶이는 사람에 따라 호불호가 다릅니다.

 조사

나는 우리 학교 '참새 조사 대장'

나는 참새 조사 대장이에요. 우리 학교에는 참새가 몇 마리나 살고 있을까요? 어림잡아 70마리 정도가 살고 있어요. 참새들이 가장 많이 모여 있는 곳은 생태연못 주변이에요. 이곳을 지나가면 "잭째 글 쨱쨱 잭째 글" 참새 소리가 나요.

생태연못에 갔어요. 참새들이 대화를 나눠요. 참새들의 대화를 들어 봅니다. 참새가 나누는 대화를 사람들의 말로 번역하는 일이 우스운 일처럼 느껴져요. 그래도 이런 우스운 일을 하는 이유는 내가 참새 조사 대장이기 때문이에요.
1번 참새가 말해요.
"오늘 아침에 7번 버스 운전하는 아저씨가 빵 부스러기를 뿌렸다. 참 맛있었다. 7번 버스 기사님 참 좋아."
2번 참새가 말해요.

"그 빵, 식빵이다."

3번 참새가 말해요.

"네가 그걸 어떻게 알아?"

4번 참새가 말해요.

"식빵이라고 적은 글을 봤거든."

5번 참새가 말해요.

"너 글 읽을 줄 알아?"

6번 참새가 말해요.

"당연하지."

7번 참새가 말해요.

"비둘기는 입이 커서 내가 열 번 쪼아 먹을 빵을 한 번에 먹었다."

참새들은 먹이에 관해 대화를 나누고 있었어요. 그리고 내가 조금 더 가까이 가려고 하는데 모두 한꺼번에 날아갔어요. 내 눈앞에서 날아갔지만, 정확한 수를 파악할 수 없었어요. 27마리 쯤 된다고 생각했어요.

조사(하다)

'조사'라는 말은 사물의 내용을 명확히 알기 위해 자세히 살펴보거나 찾아본다는 뜻입니다. '조사'를 정확하게 하려면 자세하게 살펴봐야 합니다.

'조사 학습'은 주제를 정하고, 정한 주제와 관계있는 내용에 대해서 자세하게 살펴보거나 찾아보는 공부입니다.

경찰관은 사건을 해결하기 위해서 조사해야 합니다. 조사할 때는 직접 사람을 만나 이야기하면서 사건과 관계있는 내용을 찾기도 합니다.

* 선생님께서는 영미가 어디에서 다쳤는지 ☐☐ 하신다고 말씀하셨습니다.
* 운동장에 누가 껌을 버리는지 꼼꼼하게 ☐☐ 해야 합니다.
* ☐☐를 잘하는 사람은 과학자나 탐정가가 될 수 있어요.
* 물건을 잃어버렸을 때 ☐☐를 하지 않고 다른 사람을 의심하

면 안 됩니다.

* 교실에 콩이 자라도록 화분을 둘 때도 어느 곳에 두는 것이 좋을지 한 다음에 장소를 결정하는 것이 좋아요.

오늘 여러분은 학교에 있는 생물을 조사하는 일을 하게 됩니다. 학교 생태연못에는 다양한 생물이 살고 있습니다. 화단에도 마찬가지입니다. 화단 안에 있는 흙을 조금 파 보면 여러분이 생각지도 못했던 생물들이 나타날 수 있습니다. 그런데 놀라서는 안 되겠죠?

여러분이 조사하면서 꼭 지켜야 할 일은 조사한 내용을 정확하게 기록하는 일입니다. 눈으로 보고 손으로 만지면서 조사를 하면 도움이 됩니다. 그런데 조사한 내용을 기록하지 않으면 나중에는 잊어버리기 쉽습니다. 사진을 찍거나 촬영해도 좋습니다. 조사 대장 박정호, 할 말 있나요?

 존중

존중이 만드는 우주의 힘

　우주가 탄생했을 때, 에너지도 함께 태어났어요. 엄청나게 큰 에너지이기에 그 에너지가 지금도 우주에 남아 있어요. 그 에너지가 지구에 와요. 그 에너지를 힘이라고 부르기도 하고, 전파라고 부르기도 해요. 전파는 눈에 보이지 않지만, 힘이 되어 움직여요.

　그 힘은 어마어마하게 강력한 힘이에요. 아주 오래전에 우주가 탄생했는데도 그 힘이 남아 움직이고 있다니 믿을 수 없어요. 이런 힘이 있다는 것을 아는 것도 대단해요. 과학자들의 연구 덕분에 우리도 알 수 있게 되었어요.

　엄마가 나를 낳았을 때, 모두 기뻐하셨어요. 엄마도, 아빠도, 이모도, 할머니도, 할아버지도 모두 기뻐하셨어요. 언니도 정말 기뻐했다고 말했어요. 사람이 기쁘면 기쁨의 에너지가 생겨요.

그렇다면 내가 태어났을 때 생긴 그 에너지는 지금도 어디엔가 남아 있지 않을까요? 그 에너지가 혹시 내 옆에서 나를 따라다니지는 않을까요?

내가 그 에너지를 이해한다면 나는 엄마가 바라는 어린이로 자랄 수 있어요. 내가 태어났을 때, 우리 가족의 마음을 생각해 보세요.

"영지가 태어나서 정말 기뻐요."

"영지가 태어나니 내 몸에는 정말 엄청난 힘이 생겨나요."

이런 말을 하면 분명 큰 힘이 생겨나요. 그 힘은 밝고 맑은 힘이에요. 나쁜 힘이 아니라 좋은 힘이에요. 그런 좋은 힘 덕분에 나도 이렇게 잘 자라고 있어요. 나는 이런 다짐을 하지요.

"나는 나 스스로 좋은 힘을 만드는 사람이 되기 위해 나를 존중해야 한다. 그리고 다른 사람이 좋은 힘을 만들 수 있도록 나는 다른 사람을 존중해야 한다."

내가 나와 다른 사람을 존중하면 우주에 좋은 힘이 생겨요. 우주에 좋은 에너지가 생기면 모두에게 좋지 않을까요? 나와 다른 사람을 존중하기만 하면 좋은 힘이 생기다니 좋은 힘 만들기가 참 쉽지요. 함께 실천해 볼까요.

존중(하다)

'존중'은 누군가를 높이거나 무엇인가를 높이고 귀중하게 생각하는 일입니다. 상대방의 생각을 귀중하게 생각하고 상대방을 소중하게 대하면 '존중'을 실천하게 됩니다.

제자는 스승을 높입니다. 제자가 스승을 높이는 일은 제자가 스승을 존중하는 일과 같습니다. 그런데 거꾸로 스승이 제자를 존중할 수도 있습니다. '존중'이 있는 곳에는 늘 힘이 넘칩니다. 맑고 밝은 힘이 넘칩니다.

* 선생님은 영훈이의 생각과 느낌을 ☐☐ 합니다.
* 우리 반은 서로서로 이해하고 서로를 ☐☐ 하는 반입니다.
* 누구나 ☐☐ 받고 싶어 하지만 다른 사람을 ☐☐ 하려고 하지는 않습니다.
* 내 생각이 ☐☐ 받길 원하면 나도 다른 사람의 생각을 ☐☐ 해야 합니다.

* 교실에서 이 싹트기 위해서는 먼저 다른 사람의 마음을 이해하는 힘을 길러야 합니다.

선생님이 3월부터 지금까지 강조했던 말 중에 어떤 말이 생각나나요? 존중이라는 말이 생각나나요? 선생님은 여러분에게 존중하라고 강조했습니다.

조금 전에 식당에서 준하와 영서가 다투었습니다. 준하가 먹으려는 메추리알을 영서가 빼앗아 먹었어요. 준하는 맛있게 식사하고 있었습니다. 준하가 식사하는 시간을 영서가 존중해 주었다면 이런 일은 일어나지 않았겠죠?

물론 준하도 영서가 잘못한 점에 대해 거친 말을 했다고 하니 그것은 잘못입니다. 영서가 먼저 잘못한 일이더라도 준하의 욕설은 인정할 수 없습니다. 부디 작은 일 하나라도 친구들의 생각과 마음을 존중하고 행동하기를 다시 한번 부탁합니다.

 29 탐구

나를 탐구하는 일

연구 중에서 가장 중요한 연구는 무엇일까요? 지구에 관한 연구? 지구가 어떻게 탄생했는지를 아는 연구가 중요할까요? 아니면 우주에 관한 연구가 중요할까요? 나는 그 어떤 연구보다 '나'를 탐구하는 일이 가장 중요하다고 생각해요. 즉 나는 '나'를 연구하는 일이 가장 중요한 연구라고 생각합니다.

"나는 누구인가? 나는 지금 왜 여기에 있는가?"
이 질문에 대해 말해 볼까요? 이름, 나이, 몸무게, 좋아하는 물건을 말하면 나에 대해서 알 수 있을까요? 내가 어디에서 태어났는지, 나를 낳아 주신 부모님의 고향이 어디인지, 부모님이 어떤 분인지 말하면 나에 대해 알 수 있을까요? 나를 잘 탐구하려면 나에 대해서 정확하게 알아야 합니다. 그런데 도대체 나는 누구일까요?

나는 엄마와 아빠의 유전자를 물려받았어요. 할아버지와 할머니의 유전자도 내 몸속에 들어 있어요. 조상들의 유전자가 내 몸속에 들어 있지요. 유전자는 몸의 특징을 결정하기도 하고, 성격에 영향을 주기도 합니다.

내 발가락과 아버지의 발가락, 그리고 할아버지의 발가락이 닮았어요. 특히 엄지발가락은 정말 똑같아요. 작고 통통하면서 약간 굽은 모습이 세쌍둥이처럼 똑같지요. 그런데 내 안에 조상들로부터 물려받은 유전자가 있다는 것은 공감하지만, 그래도 나에 대해서는 잘 몰라요. 나는 누구일까요?

'나'를 잠시 '몸'과 '마음'으로 나누어 볼까요. 몸은 신체니까 신체도 나지요. 신체를 움직이는 것은 마음이에요. 그래서 마음도 나예요. 마음을 '생각'이라고 해 볼까요. 생각도 나지요.

나를 탐구하면 탐구할수록 흥미진진해집니다. 나를 탐구하는 일은 중요해요. 내가 보고, 내가 듣고, 내가 생각하고, 내가 말하고, 내가 행동하고, 내가 좋아하고, 내가 사랑하고, 내가 만들고, 내가 웃고, 내가 울고……. 나를 탐구하세요. 그래야 내가 누구인지 알 수 있습니다.

탐구(하다)

'탐구(探求)'는 필요한 것을 조사하여 찾아내거나 얻어 낸다는 뜻입니다. '탐구(探究)'는 학자나 발명가, 연구가가 진리나 학문을 파고들면서 깊이 있게 연구한다는 뜻입니다.

'탐구(探求)'와 '탐구(探究)'의 뜻은 조금 다르지만, '무엇인가를 찾으려고 노력한다는 뜻'을 담고 있는 점은 같습니다. 이 두 글자는 한자의 뜻을 잘 살펴보지 않으면 정확한 뜻을 알기 힘듭니다. 한자가 필요 없다고 생각하다가도 이런 단어를 만나면 한자가 필요하다고 생각하게 됩니다.

우리가 자주 사용하는 '탐구(探究)'라는 말은 '연구(硏究)'라는 말과 뜻이 비슷합니다. '탐구'라는 말과 함께 '탐색'이라는 말도 자주 사용합니다.

* 동물을 ☐☐ 하는 학자를 동물학자라고 말하고, 식물을 ☐☐ 하는 학자를 식물학자라고 부릅니다.

* 과학을 ☐☐ 하는 과학자는 관찰력이 뛰어납니다.
* 개미를 ☐☐ 하려면 개미에 관한 책을 먼저 읽어야 합니다.
* 세계 여러 나라 과학자는 우주를 ☐☐ 하기 위해 우주선을 우주로 보냅니다.
* 물속 세계를 ☐☐ 하면 우리가 몰랐던 사실을 알게 됩니다.

　세진이가 학교 화단에 있는 바랭이를 세밀하게 그렸어요. 오늘 여러분은 세진이처럼 학교 화단에 있는 식물을 탐구하고, 탐구한 내용을 연필로 그려야 합니다.

　우리 학교에는 어떤 식물들이 살고 있을까요? 여러분이 이미 알고 있는 식물도 있고, 여러분이 처음 보는 식물도 있습니다. 여러분은 학교 화단에서 자라고 있는 식물 한 가지를 먼저 정합니다. 그런 다음에 그 식물의 모습을 관찰하고, 그림으로 표현합니다.

 태도

태도는 무척 중요해요

"태도가 좋지 않은 사람은 공부를 잘할 수 없어요."
선생님은 늘 이런 말씀을 하십니다.
"여러분, 선생님 말씀을 잘 들으면 공부를 잘할 수 있습니다."

잘 듣기가 바른 태도입니다. 우리는 잘 듣기 위해 노력해야 해요. 그것이 바로 공부예요. 잘 듣기 위해서는 집중하는 태도가 필요합니다. 그리고 집중하면서 선생님 말씀의 의도와 목적이 무엇인지 생각하는 태도가 필요해요. 이런 태도를 가진다면 내 인생이 달라집니다.

받아 올림이 있는 덧셈을 하다 보면 실수를 하곤 해요. 실수한다고 화낼 필요는 없어요. 끈기를 가지고 계속해야 합니다. 이것도 태도예요. 줄넘기를 못 한다고 포기하면 안 됩니다. 연습하고 연습하면 줄넘기를 잘할 수 있어요. 태도는 우리 인생의 전부입니다.

긍정적인 마음을 가진 사람은 긍정적인 태도를 보여요. 누구에게나 긍정적인 말을 합니다. 긍정적인 말을 듣는 사람도 기분이 좋아지지요. 비가 내려 운동장에서 체육을 할 수 없을 때 긍정적인 태도를 가지면 문제가 없어요. 비가 먼지를 씻어내니까 그다음 날 더 깨끗한 운동장에서 체육을 할 수 있으니까요.

오늘 점심시간에 감사의 빵이 나왔어요. 빵 봉지에는 이런 글씨가 적혀 있었어요.

"선생님, 감사합니다. 그리고 존경합니다."

스승의 날을 기념해서 학교 영양사 선생님께서 특별히 주문하셨나 봅니다. 감사한 마음을 가진 사람은 감사한 태도를 가집니다. 존경하는 마음을 가진 사람은 존경하는 태도를 가지지요. 다른 사람이 나에게 이런 말을 하면 기분이 좋습니다.

"연수야, 고마워."

"연수야, 난 널 존중해."

이 모든 것이 사람의 태도에서 시작된다는 점을 생각하세요. 그래서 우리의 태도는 우리의 인생입니다.

태도

'태도'는 몸 움직임이나 모양을 가리키는 말입니다. 어떤 일이나 상황이 생겼을 때 갖게 되는 마음가짐을 '태도'라고도 말합니다. 마음가짐이 드러난 자세를 '태도'라고도 말합니다. 그러니까 '태도'는 내 마음이 드러나는 모든 행동과 관계가 있습니다. 때때로 어떤 일이나 상황에 대한 내 입장이나 관점을 '태도'라고도 말합니다.

우리는 '태도'가 중요하다고 말합니다. 그 이유는 한 사람의 '태도'는 그 사람의 생각과 같기 때문입니다. '태도'가 우리의 삶을 좌우합니다.

* 영선이는 교장 선생님 앞에서 당당한 ☐☐로 자기주장을 펼쳤어요.
* 선생님께서는 늘 학습 ☐☐가 우리의 인생을 좌우한다고 말씀하십니다.

* 어머니와 아버지의 옳지 않은 ☐☐를 자녀들이 그대로 본받으면 안 됩니다.
* 사람을 처음 만나면 그 사람이 말하지 않아도 그 사람의 ☐☐를 짐작할 수 있어요.
* 나쁜 ☐☐를 좋은 ☐☐로 바꾸는 일은 정말 어렵고 힘든 일이에요.

어제 종완이가 쓴 에세이를 읽었습니다. "우리 생활은 바른 태도로 가득 차 있다"라고 썼더군요. 종완이는 야구를 좋아하는데, 경기장에서 야구 구경을 할 때도 바른 태도로 응원했다고 썼어요. 그리고 야구가 끝난 다음에 쓰레기를 정리했다고 했는데 그 점도 참 좋은 태도라고 생각해요. 종완이는 정말 바른 태도를 지니고 있어요.

여러분, 이렇게 바른 태도를 기르면 여러분 주위에 있는 사람들도 여러분을 좋아할 거예요. 바른 태도는 우리의 생활입니다. 알겠죠?

 파악

선생님의 알 수 없는 웃음은?

방과 후 수업 40개 부서 중 내가 선택할 수 있는 부서는 15개예요. 엄마는 일본어를 선택하라고 하셨어요. 아빠는 중국어를 선택하라고 하셨지요. 나는 일본어반을 선택했어요.

오늘은 부모님을 모시고 공개 수업을 하는 날이에요. 엄마가 1시 10분부터 교실 뒤에 앉아 계셨어요. 나는 잘해야 해요. 태도도 바르게 해야 하지요. 집중해야 하고, 발표도 잘해야 해요. 그래야 엄마가 기뻐하시니까요. 선생님께서는 얼굴에 관해서 공부하자고 하셨어요.

"얼굴을 뭐라고 하나요?"
"카오입니다."
"참 잘했어요."
"눈은 뭐라고 하나요?"

"메."

"네! 참 잘했어요."

그때 민주가 손을 들었어요.

"선생님, 저, 귀도 알아요. 귀는 '미미'예요."

나도 먼저 손을 들고 말하고 싶었어요. '미미'는 나도 알아요. 지난 시간에 배웠어요. 그런데 선생님께서 '미미'가 무엇이냐고 물어보시기 전에 민주가 손을 들었으니 나도 어쩔 수 없었어요. 그때 나도 입이 무엇인지 말하려고 했어요. '입'을 일본어로 무엇이라고 말하는지 정확하게 파악하고 있었기 때문이에요. '입'은 '구치'예요.

"여러분, 그러면 입은 뭐라고 하나요?"

"네, 구치입니다."

이번에는 승호가 나보다 먼저 손을 들고 말했어요. 친구들은 왜 이렇게 빠른지 모르겠어요. 내가 생각하려 하면 벌써 손을 들고 말해요. 이번에는 분명히 코가 무엇인지 물어보겠지요?

"선생님, 코는 '하나'죠?"

그때 선생님께서는 나를 보고 알 수 없는 웃음을 지었어요.

파악(하다)

'파악'이라는 말은 손으로 무엇인가를 잡아서 쥔다는 뜻입니다. 그런데 '파악'이라는 말은 주로 '확실하게 이해하여 알다'라는 뜻으로 사용합니다.

여러분이 손에 어떤 물건을 꽉 쥔다면 어떻게 될까요? 아마 여러분은 그 물건에 대해서 확실하게 이해하게 되겠죠?

'파악하다'라는 말은 학교 공부를 할 때, 매우 자주 듣게 되는 말입니다. 무엇인가에 대해서 확실하게 알게 되었을 때, "잘 파악했습니다"라고 말합니다.

* 문제를 잘 ☐☐ 해야 문제점을 정확하게 찾을 수 있습니다.
* 선생님께서 알려주신 원리를 잘 ☐☐ 해야 종이접기를 잘할 수 있습니다.
* 친구들의 성격을 ☐☐ 하면 친구들과 더 사이좋게 지낼 수 있어요.

* 이야기를 읽고, 내용을 ☐☐하려면 이야기에 나오는 인물이나 사건과 배경을 살펴봐야 합니다.
* 우리 집에 있는 전자 제품을 ☐☐하면 우리 집 전기 요금이 어느 정도인지 알 수 있습니다.

오늘 여러분은 과일과 채소 음료병의 표지를 디자인할 예정입니다. 옆 반 해성이가 만든 작품을 보세요. 세상에 하나밖에 없는 과채 음료병이에요.

먼저 여러분이 해야 할 일이 무엇인지 잘 파악해야 합니다. 여러분이 음료병에 표현하고 싶은 글과 그림을 먼저 생각해야 합니다. 물론 여러분이 만든 음료의 이름도 중요합니다. 여러분이 어떤 과일과 채소를 원료로 사용하느냐에 따라 음료수의 이름도 달라지겠죠? 여러분은 열대 과일을 좋아하죠? 민지는 망고를 제일 좋아하잖아요? 그럼 이런 이름은 어떤가요? '내가 제일 좋아하는 망고.'

표준

똑같은 게 너무 많아 표준이 필요해요

왜 연필 크기가 다 똑같을까요? 왜 내 공책과 민진이의 공책 크기는 똑같을까요? 똑같은 것이 너무 많아요. 그래서 나는 선생님께 질문을 드렸어요.

"선생님, 왜 똑같은 물건이 이렇게 많은 거죠?"

"시윤이가 좋은 질문을 했네요. '국제표준화기구'를 먼저 말해야겠군요. '국제표준화기구'는 사람들이 어떤 물건이나 제품, 과정, 서비스를 지속적으로 이용할 수 있도록 특징이나 지침을 만드는 곳이에요. 일종의 약속을 만드는 일을 하는 셈이죠. 그런 약속을 '표준'이라고 해요. '국제표준화기구'에서는 세계의 모든 사람이 사용할 수 있는 표준을 만드는 일을 하죠."

선생님 말씀을 들어 보면, 어떤 물건이 똑같은 이유는 '표준'에 따라 만들었기 때문이에요. 표준을 지켜서 물건을 만들면 많은 사람이 이용하는 데 편리하다는 말씀이에요.

　나는 탁구를 잘해요. 우리 반에서 가장 잘하지요. 탁구공은 흰색과 오렌지색이 있어요. 그런데 탁구공의 크기는 같아요. 탁구공을 만들 때도 '표준'을 지켜서 만들었기 때문이지요.

　표준은 함께 지키면 많은 사람이 편리해요. 우리 반에도 표준이 있어요. 우리 반의 규칙이 바로 표준이에요. 우리 반 첫째 규칙은 '웃음'이고, 둘째 규칙은 '사랑'이에요. 우리 반 친구들은 웃으면서 서로 사랑해야 해요. 그런데 왜 이런 것은 '표준'이라고 하지 않는 걸까요? 선생님께 여쭤보았어요.

　"답하기 어려운 질문인데요. 보통 '표준'은 물건이나 만질 수 있는 것, 우리가 이용할 수 있는 것과 관계있는 약속이에요."

　"선생님, 웃음도 우리가 이용하고, 사랑도 우리가 이용하잖아요?"

　"뭐라고요?"

　선생님께서 동그란 눈을 더 크게 뜨고는 웃으셨어요.

표준

물건의 특징을 알기 위한 근거나 기준을 '표준'이라고 말합니다. '표준'이라는 말에는 일반적이고 평균에 가깝다는 의미가 들어 있습니다.

물건을 예로 들면, 모든 물건은 '표준'에 맞춰 만듭니다. 집에 있는 샤워기가 고장이 났을 때, 새 샤워기를 끼워서 사용할 수 있는 이유는 샤워기가 모양은 다르지만, 이음새 부분을 '표준'에 따라 만들었기 때문입니다. 기차가 다니는 길을 생각해 보세요. '표준'에 따라 선로를 만들지 않으면 기차가 다닐 수가 없습니다.

* 내 몸무게는 내 나이와 같은 우리나라 어린이 ☐☐ 몸무게보다 1킬로그램 더 나갑니다.
* 자동차 부품에 대한 ☐☐을 정하려면 많은 연구가 필요합니다.
* ☐☐을 강조하면 우리 사회의 특징이 줄어들 수 있다고 생각

하는데, 그것은 오해가 아닐까요?

* ☐☐이라는 말은 평균이라는 말과 비슷한 뜻으로 해석할 수 있습니다.

* 한국 사람의 ☐☐ 얼굴을 그리면 어떤 모습일지 궁금합니다.

현호도 선생님처럼 스마트폰으로 국립국어원 표준국어대사전을 이용하더군요. 여러분이 책을 읽다가 이해하기 어려운 단어가 나오면 국립국어원에서 만든 표준국어대사전을 찾아보는 게 좋아요. 표준국어대사전은 스마트폰을 통해서도 이용할 수 있어요.

여러분은 표준어가 아닌 말을 자주 사용하는데, 표준어에 대해서 알아보려면 사전을 찾아보는 것이 좋아요. 사전을 찾아보는 일이 힘들다고 생각하지 마세요. 단어의 뜻을 하나만 알아도 여러분의 생각은 성장하게 됩니다.

 표현

학교 운동장이 커다란 도화지라면?

비유는 우리 인간이 만든 최고의 표현 방법이에요. 비유를 잘하면 우리의 표현 영역이 넓어집니다. 우리 엄마. 내 친구 영철이 같은 우리 엄마. 내 친구 영철이. 우리 엄마 같은 내 친구 영철이……

서로 다르지요. 표현 방법도 다르고, 뜻도 다릅니다. 잠시 생각해 볼까요. 우리 학교에서 가장 큰 도화지가 무엇일까요? 나는 우리 학교에서 가장 큰 도화지는 학교 운동장이라고 생각해요.

하늘 위에서 누군가가 보고 있다고 생각해 보세요. 아이들이 아무도 없는 운동장은 모래흙색이에요. 아이들이 모이면 어떤 모양으로 보일까요? 아이들이 이어달리기하면?

우리는 운동장이라는 커다란 도화지에 무엇인가를 표현하고 있어요. 준비 운동을 하는 모습을 보면 단체 무용처럼 보이겠지요? 우리가 공을 주고받는 체육 수업을 하면 서커스처럼 보이지

않을까요? 하늘에서 운동장을 내려다봤을 때 말이에요.

다음으로 큰 도화지가 있어요. 바로 학교 모래밭이에요. 학교 모래밭은 정말 우리가 좋아하는 도화지예요. 비가 오는 날에는 더 좋아요. 손으로 모래를 모으고 커다란 집을 짓다 보면 시간 가는 줄 몰라요.

모래밭은 내 마음을 표현하는 데도 좋아요. 내가 모래밭에 집을 짓지요. 그리고 떨어진 은행나무 가지를 꽂으면 그대로 마당 은행나무가 됩니다. 떨어진 느티나무 가지를 꽂으면 그대로 마당 느티나무가 되고요. 마당에 작은 돌멩이를 갖다 두면 작은 새들의 쉼터가 되지요. 담을 쌓을 필요도 없어요. 누구나 들어갈 수 있으니까요.

모래는 물감도 아니고 크레파스도 아니지만, 우리 생각을 표현하는 도구가 됩니다. 모래는 벽돌도 아니고 시멘트도 아니지만, 우리들의 느낌을 표현하는 도구가 됩니다.

우리는 꼭 알아야 해요. 우리 학교에 아주 큰 도화지가 있다는 사실을. 그리고 그 도화지에 내 마음을 내 마음대로 표현할 수 있다는 사실을.

표현(하다)

'표현'은 생각이나 느낌을 말이나 글, 몸짓, 도구를 이용해서 어떤 모습으로 드러내어 나타내는 것을 가리키는 말입니다. 사람들은 소리로도 표현할 수 있습니다. 그림을 그려서 표현할 수도 있습니다. 조각을 만들거나 건물을 만들어 표현할 수도 있습니다.

'표현'에서 중요한 점은 표현하는 사람의 '생각'과 '느낌'입니다. 예를 들어 창의적인 '표현'을 위해서는 자기의 생각과 느낌을 독창적으로 표현해야 합니다.

* 표현력은 ☐☐하는 힘을 가리키는 말인데, 부모님께서는 내가 표현력을 더 길러야 한다고 말씀하셨습니다.
* 화가는 무엇을 ☐☐하기 위해 노력하는 걸까요?
* 사람들이 자기 생각을 ☐☐할 수 없다면 어떤 문제가 생길까요?

* 나는 바람에 휘날리는 느티나무의 이파리를 나무의 손짓이라고 ☐☐하고 싶습니다.
* 우리는 우리 반이 서로 협동하는 반이라는 사실을 ☐☐하기 위해 모두 손에 손을 잡고 나무를 만들었어요.

　도현이는 그림으로 표현했고, 진식이는 춤으로 표현했고, 수민이는 노래로 표현했습니다. 부모님께 들어서 알겠지만, 여러분은 태어나면서부터 표현했습니다. 무엇을 표현했을까요? 그 속은 정확하게 알 수 없지만 큰 울음으로 자기 생각과 느낌을 표현했습니다.

　친구들 사이에서도 표현은 무척 중요합니다. 잘 표현해야 서로 잘 이해할 수 있으니까요. 그런데 요즘 여러분이 친구들과 지낼 때, 말을 너무 함부로 하고 있어요. 표현은 자유롭게 할 수 있지만 친구가 기분이 나쁘거나 마음이 상하는 일이 생겨서는 안 됩니다. 그러니까 여러분이 말할 때는 상대방의 입장을 존중하는 마음을 가지고 말해야 합니다.

 활동

교실에 모기가 들어오지 않게 하려면?

6월이 되면 모기의 먹이 활동이 왕성해져요.

"앗! 모기다! 선생님, 모기가 들어왔어요."

교실에 모기 한 마리가 들어왔어요. 고양이가 나오는 동화를 읽다가 멈췄어요. 수업이 갑자기 멈췄어요. 모기는 해충이라 모기의 활동은 우리에게 도움이 되지 않아요.

"선생님, 모기를 죽여야 하나요?"

선제가 모기를 가리키며 말했어요.

"죽이는 게 아니라 잡아야지."

지영이가 말했어요.

모기를 잡는 것과 죽이는 것은 차이가 없어요. 결국 모기는 잡아서 처리해야 해요.

"도대체 모기가 어디에서 온 거죠?"

"우리 교실 앞에 연못이 있어요. 그곳에 모기 유충 장구벌레가 살아요."

"그래요? 그러면 모기를 잡아도 모기는 또 나타나겠네요?"

선생님의 말씀을 듣고 우리는 토론 활동을 했어요. 교실에 모기가 들어오지 않게 하려면 어떻게 해야 할까요? 모둠별로 발표했어요.

"뿌리는 모기약을 교실에 준비해야 합니다."

"방충망이 열리지 않도록 잘 고정해야 합니다."

"모기가 살지 못하게 연못을 없애야 합니다."

"연못에 살고 있는 장구벌레를 없애야 합니다."

"미꾸라지와 잠자리 애벌레, 물땡땡이, 물방개를 키워야 합니다."

"박쥐가 모기를 좋아한대요. 박쥐를 데리고 와야 해요."

아이들은 "미꾸라지를 키워야 한다"라고 주장한 3모둠의 의견을 가장 좋아했어요.

"그런데 미꾸라지는 어떻게 잡아야 하나요?"

우리는 다시 이 질문의 답을 찾기 위해 토론 활동을 했어요.

활동(하다)

'활동'은 몸을 움직이면서 행동한다는 뜻입니다. 어떤 일을 잘하기 위해 노력하는 일도 '활동'이라고 말합니다. 동물이나 식물이 살아가기 위해 행동하거나, 눈에 보이지 않지만 어떤 작용이 일어나는 것도 '활동'이라고 말합니다.

우리는 우리가 움직일 때 '활동'이라는 말을 자주 사용합니다. 운동을 하면 '체육 활동'이라고 말합니다. 그림을 그리는 활동은 '미술 활동'입니다. 실험하면 '과학 활동'이 됩니다.

* 물고기는 호흡 ☐☐ 을 할 때 아가미를 이용합니다.
* 스포츠 ☐☐ 을 하면 힘은 들어도 기분이 좋아요.
* 나는 학교에서 체육 ☐☐ 과 요리하기 ☐☐ 을 제일 좋아해요.
* 우리 반은 경수의 눈부신 ☐☐ 덕분에 단체 줄넘기 대회에서 우승했습니다.

* 학교에서는 학습 ☐☐ 을 위해 교과서를 이용합니다.

    오늘 여러분은 줄넘기로 협동 활동을 하게 됩니다. 재성이와 성준이가 긴 줄넘기를 돌려 줄래요? 자, 이 줄넘기를 넘어 보세요. 생각보다 줄이 길죠? 이 긴 줄넘기를 돌리면 한 명씩 줄을 서서 줄넘기를 넘는 거예요. 물론 시간제한이 있습니다. 5분 동안 모둠이 줄을 넘는 수를 헤아려서 선생님에게 알려주세요.

    먼저 연습 시간을 줄 거예요. 연습할 때는 여러분이 평소에 연습했던 대로 개인 줄넘기를 넘는 것처럼 연습하는 게 좋습니다. 그리고 긴 줄을 돌리는 사람과 호흡을 잘 맞춰야 합니다. 그래야 정해진 시간에 더 많이 넘을 수 있습니다.

 35 흥미

질문을 하면 흥미로운 일이 벌어져요

우리 학교 현관에는 교훈과 교육목표가 적혀 있어요. 우리 학교의 교훈은 '바르고 굳세게'입니다. 우리 학교 교육 목표는 '올바른 인성으로 더불어 살아가는 창의 융합 인재 육성'이지요.

우리 반 급훈은 '질문하라'입니다. 담임 선생님께서는 질문을 잘하는 어린이가 창의 융합 어린이라고 말씀하셨어요. 나도 질문하는 어린이가 되겠다고 다짐했어요.

선생님께서는 질문을 하면 흥미로운 일이 벌어진다고 말씀하셨어요.

"질문을 하면 내가 생각하지 못했던 것을 생각하게 되고, 내가 느껴 보지 못했던 것을 느낄 수 있습니다."

그런데 오늘은 선생님께서 질문으로만 수업하셨어요. 질문에 답하는 게 아니라 질문만 하는 수업이었어요. 흥미로운 수업이었어요.

선생님께서 텔레비전 화면을 통해 그림책을 보여주셨어요. 선생님께서 책을 한 장씩 넘기면 우리가 질문을 해야 해요. 무슨 질문을 할까요? 그림책에는 당근이 하늘을 날아다니고 있었어요. 당근은 자동차보다 더 컸어요. 그런데 흥미로운 일이 벌어졌어요. 그 당근을 보고 아이들이 질문하기 보따리를 풀었어요.

"당근의 크기를 짐작할 수 있나요?"

"저 당근은 누가 기른 것인가요?"

"당근이 하늘을 날아다니는 이유는 무엇인가요?"

"다른 채소도 하늘을 날아다닐 수 있나요?"

"그림책 작가의 의도는 무엇인가요?"

"저 장면을 보고 떠오르는 느낌을 말할 수 있나요?"

"저 장면은 과학의 발달과 어떤 관련이 있나요?"

"채소가 커진다는 것은 가치가 있는 일인가요?"

정말 흥미진진한 수업이었어요. 선생님께서는 우리에게 단 한 마디의 답도 주지 않으셨어요. 우리는 스스로 질문을 하면서 흥미를 느끼고 있었어요.

흥미

'흥미'는 '흥을 느끼는 재미'를 가리키는 말입니다. '흥'은 재미나 즐거움을 일어나게 하는 감정입니다. '흥'이 나면 즐겁고 행복해집니다. 자신이 좋아하는 일에 대해서는 분명 '흥미'를 갖게 됩니다. 처음에는 '흥미'가 없었는데 계속하면서 '흥미'를 느끼기도 합니다. 친구와 함께 식물 이름을 외우다 보면 어느 순간에는 자신이 식물에 '흥미'를 느낄 수도 있습니다. 일을 하면서 '흥미'를 느끼면 그 일을 재미있게 할 수 있어서 기분도 좋아지고 몸 건강도 좋아집니다.

* ☐☐로운 사실은 선생님께서 모든 운동을 다 잘하신다는 거예요.
* 나는 책 읽는 데 ☐☐를 느끼지 못하고 있어요.
* 경수는 장기인 춤을 추면서 우리 반 학급 축제의 ☐☐를 더했습니다.

* 음식 만들기에 [　　]를 가지면 음식이 소중하다는 것을 알고 정성스럽게 먹습니다.
* 나는 과학 소설에 [　　]를 가지고 있지만 내 동생은 팽이에 대해서만 [　　]를 느껴요.

　　여러분은 앞으로 무슨 일을 하고 싶은가요? 가만히 생각해 보세요. 분명 여러분은 여러분이 흥미롭게 생각하는 것이 있을 것입니다.

　　책 읽기를 예로 들어 볼까요? 책을 읽을 때도 어떤 내용의 책을 좋아하는지 생각해 보세요. 과학책에 흥미가 있다면 과학과 관계있는 일을 할 수 있습니다. 김수호처럼 우주 탐험에 흥미가 있다면 우주 비행사를 꿈꿀 수 있습니다. 우주를 나는 비행기를 만드는 일을 할 수도 있습니다. 우주를 볼 수 있는 특별한 망원경을 만드는 일을 할 수도 있습니다.

　　그러니까 여러분은 자신이 흥미를 느끼는 일이 무엇인지 관심을 가져야 합니다.

글 • 이형래

서울교육대학교를 졸업하고 고려대학교에서 직업문식성 평가 연구로 박사 학위를 받았습니다. 서울고은초등학교에서 교직 생활을 시작했으며, 서울정릉초등학교에서 교감, 서울대학교사범대학부설초등학교에서 교장을 역임했습니다. 경기대학교, 고려대학교, 서울교육대학교, 이화여자대학교에서 강의했으며, 현재는 서울대학교사범대학부설초등학교, 경인교육대학교, 한양대학교에서 학생들을 가르치고 있습니다. 국어 교과서를 집필·심의하였으며, 문해력 교육, 국어과 성취도 평가, 기초학력 진단 평가, 문해력 평가, 교사 교육, 학부모 교육 등에 참여했습니다.
지은 책으로 《안전 문해력》, 동시집 《학교야, 잘 잤니》, 《수능 국어 초등 버전》, 《누구를 보낼까요》, 《문식성 교육 연구》(공저), 《독서교육의 이해》(공저), 《읽었다는 착각》(공저), 《문해력 교과서》(공저) 등이 있습니다.

그림 • 정은주

그림을 그리고 글을 씁니다. 어렸을 때 코스그로브 홀 필름스(Cosgrove Hall Films)에서 만든 인형 애니메이션 동화를 보고 그림책 작가를 꿈꾸게 되었어요. 미국 시카고 컬럼비아 미술대학(CCAC)에서 일러스트레이션을 공부했고, 한국 안데르센 창작그림책 공모전에서 《마술피리》로 가작 당선되어 그림 작가의 길을 걷고 있습니다. 그림을 그린 책으로 《어랏! 경제가 보이네》, 《어랏! 생각이 자라네》, 《책방을 떠날 거야》 등이 있습니다.